Arminia Fröhlich

Erziehen – aber wie?

Erkenntnisse und Erfahrungen aus pädagogischer Praxis

BRUNNEN VERLAG · GIESSEN UND BASEL

ABCteam

Bücher, die dieses Zeichen tragen, wollen die Botschaft von Jesus Christus in unserer Zeit glaubhaft bezeugen.
Das ABCteam-Programm umfaßt in seiner Hauptreihe:
A = aktuelle Themen
B = Berichte, Erzählungen, Lebensbilder
C = Christsein heute

Als Sondereihen erscheinen Jugendbücher (J), Werkbücher (W), Glauben und Denken (G + D).

Außerdem gibt es Geschenkbände in besonderer Ausstattung.

ABCteam-Bücher erscheinen in folgenden Verlagen:
Aussaat Verlag Wuppertal / R. Brockhaus Verlag Wuppertal
Brunnen Verlag Gießen / Bundes-Verlag Witten
Christliches Verlagshaus Stuttgart / Oncken Verlag Wuppertal
Schriftenmissions-Verlag Gladbeck

ABCteam-Bücher kann jede Buchhandlung besorgen.

Umschlagfoto: Schmidt-Anthony, Starnberg

Satz: IBV Lichtsatz KG, Berlin
Druck: Druckerei Wenzel, Marburg

ISBN 3 7655 0447 5

Inhalt

Vorwort

In der Pädagogik spielt die Autoritätsfrage eine entscheidende Rolle. Allgemein herrscht die Meinung: Entweder „*hat*“ ein Erzieher Autorität oder er „hat“ sie *nicht;* man kann Autorität nicht lernen.

Während meiner dreißigjährigen Lehrtätigkeit an Gymnasien und sozialen Ausbildungsstätten hat die Autoritätsfrage immer wieder ihren Schwerpunkt gehabt. In den letzten fünfzehn Jahren hat sie in der Leitung eines Heims für verhaltensgestörte schulentlassene Mädchen eine harte Auseinandersetzung mit dem autoritären und antiautoritären Erziehungsstil verlangt.

Pädagogische Vorträge vor Eltern, Lehrern, Sozialpädagogen und Sozialarbeitern zeigten ein so starkes Echo und Interesse an dem Autoritätsproblem und der aufgezeigten Hilfe aus der Sicht des Evangeliums, daß die Bitte um Veröffentlichung immer wieder laut wurde.

Mit dieser Arbeit, die ihren persönlichen Charakter nicht verleugnen kann, möchte ich dieser Bitte nachkommen in der Hoffnung, daß die darin verarbeiteten Erkenntnisse und Erfahrungen manchem einen Schritt weiterhelfen können.

Danken möchte ich an dieser Stelle nicht nur vielen Mitarbeitern für klärende Gespräche, sondern auch meinen ehemaligen Schülerinnen und den jungen Mädchen aus dem Mädchenheim „Haus Elim“ in Neukirchen-Vluyn. Ohne die mit ihnen erlebten frohen und schweren Tage hätten die Erkenntnisse nicht reifen können, die in diesem Buch ihren Niederschlag gefunden haben.

Arminia Fröhlich

Einleitung

Es gibt wohl kaum einen erziehenden Menschen in unserer Zeit, den die Begriffe „autoritär" und „antiautoritär" nicht zur Auseinandersetzung herausgefordert hätten. Literatur und Presse, Fernsehen und Funk, Tagungen und Konferenzen konzentrieren sich auf die alte pädagogische Frage nach der Autorität in einer Härte, wie es sich kaum in früheren Jahren ereignet hat. Es ist, als seien beide pädagogischen Prinzipien ausgeschöpft worden mit dem Resultat, daß die Frage: Welches „System" ist denn nun das richtige? dringender denn je nach einer Antwort verlangt. Umfragen und Austausch in Eltern-, Kollegen- und Mitarbeiterkreisen zeigen wachsende Unsicherheit und Ratlosigkeit auf dem pädagogischen Sektor. Festhalten an selbsterlebter Tradition auf der einen, kühner Abbau aller überlieferten Ordnungen und Erfahrungen auf der anderen Seite kennzeichnen die Weite und Vielfalt der Differenzierung innerhalb des zur Diskussion stehenden Fragenkomplexes.

Die katholische Wochenzeitung „Neue Bildpost"[1] brachte im Februar 1976 einen Artikel mit der Überschrift: „Eltern, setzt euch wieder durch! Das klägliche Ende der antiautoritären Erziehung." Darin heißt es:

„Ausgerechnet aus den USA, die einstmals die modernen Lehren von der antiautoritären Erziehung exportierten, kommt bemerkenswerte Kunde: Die antiautoritär erzogene Generation der heute Zwanzigjährigen hat einen übermäßig hohen Prozentsatz an Versagern. Viele der umhätschelten ‚Sonnenkinder', die alle Wände bemalen und ungestraft dem Vater Farbe an den Anzug klecksen durften, erweisen sich als lebensuntüchtig. Nach ihrer seelisch vollklimatisierten Jugend schrecken sie vor der Bewährung im Leben zurück. Sie machen den Eltern jetzt den Kummer, den diese sich in deren Kindertagen verbissen. Sie liegen ihnen weiter auf der Tasche, wollen weiterhin betreut und geführt werden, und obendrein profitieren die Psychiater davon. Es liegen mehr Jugendliche auf der Psychiatercouch als Ältere. Es scheint, als sei das Experiment kläglich mißlungen.

Der US-Psychiater Dr. Richard Robertinello hämmert es ins Bewußtsein der kommenden Elterngeneration, diesen Fehler nicht zu wiederholen. Er fordert: In den ersten beiden Lebensjahren muß eine enge seelisch-körperliche Wechselbeziehung zwischen Mutter und Kind bestehen, ab dritten Lebensjahr sollte eine schrittweise Loslösung erfolgen. Ganz falsch sei es, den Kindern jeden Wunsch zu erfüllen und es ihnen zu leicht zu machen. Eltern sollten Verbote durchsetzen und notfalls unerbittlich sein. Weder zu laute Beatmusik noch kumpelhafte Frechheiten sollten sie durchgehen lassen und auch nicht davor zurückschrekken, den verehrten Stammhalter oder die entzückende Tochter einmal ins Zimmer zu sperren. Ebenso unerbittlich sollten sie gegen schlechte Gesellschaft ihrer Kinder vorgehen. Fest steht für den Psychiater: Kinder brauchen eine Vaterfigur und strenge Hand, wenn sie den Belastungen des späteren Lebens gerecht werden sollen.

Also: im Kinderzimmer ‚Zurück marsch-marsch'. ‚Tonangebend', wie seit alters her, ist – der eigene Instinkt der Eltern. Lehrbücher und Erziehungssysteme können ihn nicht ersetzen."

Daß die einfache „Zurück marsch-marsch"-Empfehlung und der Hinweis auf den Instinkt der Eltern nicht die befriedigende Ablösung dieses pädagogischen Versuches ist, dürfte klar sein.

Wie ernst es um das Jugendproblem steht, zeigen auch Presseberichte an, die mir während des Schreibens dieser Arbeit zugänglich wurden. Da heißt es an einer Stelle[2]:

„Eine erschreckende Entwicklung wird zur Zeit in der Bundesrepublik erkennbar. Immer mehr Jugendliche und Kinder werden alkoholsüchtig. Während die kirchlichen und staatlichen Suchtberatungsstellen den Eindruck gewonnen haben, daß die Welle des Rauschgiftmißbrauchs zumindest unter Jugendlichen nicht mehr steigt, greifen immer mehr Jungen und Mädchen zur Flasche. Mindestens 100000 Jugendliche – Kinder, oft Zehn- oder Zwölfjährige – sind, wie der ‚Spiegel' in einer großen Reportage schrieb, dem Alkohol verfallen. Eine Befragung ergab, daß 8 Prozent der Zwölf- bis Vierzehnjährigen, 20 Prozent der Fünfzehn- bis Siebzehnjährigen, 31 Prozent der Achtzehn- bis Zwanzigjährigen und 41 Prozent der Einundzwanzig- bis Vierundzwanzigjährigen regelmäßig, fast täglich, zu ‚harten Sachen', also zu Weinbrand oder Schnaps greifen. Beobachtungen auf Schulhöfen, an Lehrstellen, in Jugendzentren, auf Sportplätzen ergaben, daß Kinder, manchmal schon im Alter von acht bis neun Jahren, sich Alkohol im ‚Flachmann' mitbringen. Natürlich steigt bei Volksfesten, beim Karneval, beim Oktoberfest oder zu ähnlichen Anlässen die Zahl der jungen Alkoholopfer besonders an. Wenn dieser Trend nicht gestoppt wird, rollt eine Generation von jugendlichen Alkoholikern auf unsere Gesellschaft zu."

Angesichts dieser alarmierenden Nachrichten ist die Frage berechtigt: Wie soll es weitergehen? Mir scheint, daß eine pädagogische Entwicklung von Jahrhunderten in unserer Zeit einen Einschnitt erlebt, der – einer roten Ampel gleich – zu ernster Besinnung zwingt. Ein Übersehen hieße der negativen Entwicklung der Jugendsituation beängstigend freien Lauf lassen.

Die folgenden Ausführungen möchten eine *persönliche* Stellungnahme sein, die aus pädagogischer Praxis im Lehrberuf und in der heute so umstrittenen Heimerziehung, aus der Lektüre einschlägiger Fachliteratur und aus persönlicher Glaubenserfahrung resultiert.

Drei Bemerkungen seien vorangestellt:

1. Es wird von der Grundlage einer „wertorientierten“ Pädagogik ausgegangen, die transzendente Normen anerkennt und für das Menschenbild verbindlich sein läßt.

2. Auf den politischen Aspekt im Sinne einer parteipolitischen Stellungnahme und Bewertung wird verzichtet.

3. Ich bin mir der Schwierigkeit bewußt, angesichts der vielen Schattierungen beider pädagogischer Prinzipien der Gefahr zu verfallen, eine unzulässige Schwarzweiß-Darstellung zu geben, die der Wirklichkeit nicht entspricht.

Es kann sich im Rahmen dieser Arbeit nur um die Zeichnung einer großen Linie handeln, die das Positive und Negative beider Erziehungswege darzustellen versucht. Die sich daraus ergebende Auseinandersetzung wird deutlich machen, daß die Frage nach der Autorität, ihrer Legitimität oder Illegitimität, ihrer Ausübung oder Ablehnung, alle pädagogischen Stile durchzieht.

1. Begriffsklärung

Beiden Begriffen „autoritär“ und „antiautoritär“ liegt das Wort Autorität zugrunde. Es ist von dem lateinischen Wort *auctoritas* herzuleiten, das übersetzt werden kann mit Geltung, Würde, Ansehen, Glaubwürdigkeit. „Auctor ist einer, der ein kräftiges Manna hat und das Manna eines anderen zu ‚mehren‘ weiß.“[3]

Diese Herkunft läßt erkennen, daß die *auctoritas* an einer Person haftet und ursprünglich nicht institutionell gemeint ist. Das Phänomen der institutionellen Autorität, wie sie z. B. durch Staat, Kirche, Gesetz vertreten wird, hat sich aus der personalen Autorität entwickelt und kann diese letzthin auch nicht entbehren.

Voraussetzung und Bedingung jeder Autoritätsverwirklichung ist das Verhältnis zweier sich gegenüberstehender Personenkreise. Dabei ist es zunächst unwesentlich, ob es sich um das Gegenüber zweier Einzelpersonen wie z. B. Vater und Sohn, Lehrer und Schüler handelt oder ob es zwei ungleiche Größen wie etwa Erzieher und Gruppe sind. In jedem Fall gehen von den Erziehenden Wirkungen und Eindrücke aus, die bis in die Sphäre des Unbewußten hineinreichen. Diese Tatsache gibt der Autoritätsfrage einen Verantwortungsradius, vor dem jeder Erzieher Respekt haben muß, geht es doch um nichts Geringeres als um eine geistig-seelische Beeinflussung eines einzelnen Menschen oder einer Gruppe, deren Auswirkung die Einbeziehung der körperlichen Funktionen nicht ausschließt.

Warum ist Erziehung nötig? Bei einer wörtlichen Analyse des Begriffs Erziehung stoßen wir auf den Vorgang eines Ziehens oder Führens. Jedes Ziehen und Führen ist aber nur dann sinnvoll, wenn es von einem Ziel her bestimmt und geleitet wird. Die Notwendigkeit der Erziehung läßt deutlich werden, daß der Mensch nicht ohne fremde Hilfe und Einwirkung in die Lebensräume hineinwachsen kann, die auf ihn warten. Dazu gehören die Kreise der Familie, der beruflichen Tätigkeit, der Volkszugehörigkeit in weltweiter Verantwortung und nicht zuletzt der Kreis der inneren geistigen Wahlheimat. Alle diese Kreise sind Träger von Wertinhalten, die vom Geist und von der Seele des zu Erziehenden erobert werden sollen und müssen. Dieser geistige Vorgang braucht Leitung, Ausrichtung, Zielsetzung und Korrektur durch eine personale Autorität, die die zu vermittelnden Werte nicht nur vertritt, sondern im Leben selbst verwirklicht.

Der Inhalt der Werte ist vielschichtig. Die Geschichte der Pädagogik ist reich an Erziehungszielen, für die diese Werte bestimmend sind. Man liest von Erziehung zur charakterfesten Persönlichkeit, zu ethischer Reife, zu partnerschaftlichem und sozialem Verhalten, zu Freiheit und Bindung, zur Integrationsfähigkeit in die Gesellschaft und zu kritischer Auseinandersetzung mit ihr, zum verantwortungsbewußten Staatsbürger, zur „Realisierung humanitär-demokratischer Werte.“[4]

Es geht bei allen Zielen um die Hinführung zu einer selbständigen, positiven Bewältigung der mannigfachen persönlichen und überpersönlichen Aufgaben des Lebens. Die Pädagogik aller Jahrhunderte bejaht die oben genannten Erziehungsziele, weil sie die geistig-seelischen Werte beinhalten, die die ethische Grundlage für ein Menschenleben bedeuten. Selbstverständlich sind die Akzente der Erziehungsziele in den jeweiligen geschichtlichen Phasen verschieden.

Aber nun tritt die wichtige Frage der Methode in den Vordergrund, die ohne den Aspekt der Autorität nur unvollkommen beantwortet würde. Eins steht zunächst fest: Der Erziehende bedarf einer Überlegenheit dem zu Erziehenden gegenüber, die nicht nur psychologisches Einfühlungsvermögen, fachliches Wissen und Können voraussetzt, sondern die vor allem von der existentiellen Persönlichkeit des Pädagogen abhängig ist. Es liegt in der Natur der Sache, daß der Erzieher, der Lehrer, der Meister dem Kind und Jugendlichen gegenüber eine überlegene Stellung einnehmen *muß*. An dieser Stelle zeigt sich der Krisenpunkt, der zur Auseinandersetzung mit dem autoritären und antiautoritären Erziehungsprinzip führt.

2. Der autoritäre Erzieher

Wir stellten fest, daß die Vermittlung von Wertinhalten an das Kind, den Schüler, den Lehrling, den Untergebenen vom Erzieher und Vorgesetzten eine seine Persönlichkeit bestimmende innere Übereinstimmung mit diesen Werten verlangt. Das ist die eine Bedingung, die erfüllt sein muß, wenn die Wertweitergabe nicht ein Leerlauf sein soll. Die andere Bedingung ist die, daß dieser Vermittlungsprozeß eine Selbstverleugnung vom Erzieher erwartet, deren Bedeutung in pädagogischen Kreisen vielfach nicht erkannt wird. Wo sie nämlich nicht ausgeübt wird, da verwandelt sich die helfende *auctoritas* in zerstörenden Autoritarismus. Hier wird der „autoritäre Erzieher" geboren, der seinen Wunsch, seinen Willen und seine Macht letzte Entscheidungsinstanz im Erziehungsprozeß sein läßt. Ob sein Handeln dem Wohl des Kindes, des Jugendlichen, des Untergebenen dient, ist für ihn eine Frage zweiten Ranges, ja sogar u. U. völlig ausgeschaltet. Im Gegenteil: Bewußt oder unbewußt ist er der Überzeugung, um der Sanierung des anvertrauten Jugendlichen willen so handeln zu müssen. Manchmal sieht und weiß er sich sogar da gerechtfertigt, wo seine Machtausübung offensichtlich nicht konstruktive, sondern destruktive Wirkung hat.

Praktische Beispiele und Erlebnisse sollen hier sprechen. In einer westdeutschen Großstadt hat sich ein Schüler erhängt, weil das Zeugnis wieder nicht so ausgefallen war, wie es der Vater erwartete.

Es soll nun hier nicht eine Faulheit unterstützt werden, aus der einem Kind herausgeholfen werden muß. Aber man geht wohl nicht fehl, wenn man feststellt, daß hier eine autoritäre Verhaltensweise vom Vater vorliegt, lange bevor dieses tragische Ereignis eintrat. Der Sohn hat unter einem Druck gestanden, dem er zuletzt seelisch nicht mehr standhalten konnte.

Ähnliche Beispiele sind von Schülern höherer Schulen bekannt. Der Ehrgeiz und die Ehrsucht der Eltern zwingen ein Kind zum Besuch einer Schule, die seinen Gaben und seiner Leistungsfähigkeit in keiner Weise entspricht. Mit der so liebevoll und fürsorglich klingenden Begründung: „Unser Kind soll es später einmal besser haben als wir" wird das Kind gezwungen, die Schule weiter zu besuchen. Für Nachhilfestunden wird keine Geldausgabe gescheut. Das Kind verliert immer mehr die Freude am Lernen; die Bereitschaft, sich gegen diesen Autoritarismus zu wehren, läßt nach, das Kind verkümmert psychisch und physisch.

Bei vielen Erziehenden ist das „Um-jeden-Preis-Gehorchen-Müssen" die oberste Maxime ihres pädagogischen Handelns! Ob die Gehorsamsforderung vom anderen her berechtigt, sinnvoll und helfend ist, danach wird nicht gefragt. (Von dieser Seite her ist übrigens auch der weitverbreitete „preußische Gehorsam" eine höchst bedenkliche und anfechtbare Sache!)

„Ich habe meinen Eltern gehorchen müssen, und das verlange ich auch von meinen Kindern!" „Bei mir gilt's zu gehorchen, davon gehe ich nicht ab!" „Ich verlange Gehorsam, Schluß!" Solche und ähnliche Sätze aus Eltern- und Erziehermund sind nicht unbekannt. Um ganz sicher zu gehen, beruft man sich dann sogar noch auf die Autorität der Bibel, wo es heißt: „Ihr Kinder, seid gehorsam euren Eltern" (Epheser 6,1a) – euren Erziehern, Lehrern, Lehrherren, Meistern, Vorgesetzten usw.

Von solchem autoritären Verhalten der Erwachsenen sind nicht nur größere Entscheidungen, wie z. B. Schul- und Berufsfragen, sondern auch die kleinen Ereignisse des Alltags betroffen. Der überspitzte Ordnungssinn einer Mutter oder eines Heimerziehers etwa zwingt das spielende Kind zum Aufräumen der Spielsachen in einem Augenblick, wo das Kind glücklich ist in dem vertieften Hingegebensein an das Spiel. Es soll aber in dem Zimmer gegessen werden – und dazu „muß es ordentlich sein“. Das damit verbundene Leiden des Kindes wird als Gehorsamsverweigerung ausgelegt und das Kind entsprechend bestraft.

Man verstehe mich nicht falsch, mit diesen Beispielen sollen in keiner Weise ethische Werte wie Gehorsam, Fleiß, Ordnung in ihrer Notwendigkeit und Berechtigung in Frage gestellt werden. Ihre *falsche Anwendung* im pädagogischen Prozeß ist das Übel. Der so autoritär arbeitende Pädagoge nennt diese Art egoistischer Machtausübung gern „Führung“, die notwendig sei, damit aus dem Kind „etwas wird“. Aber wieviel Kinder- und Jugendelend verbirgt sich hinter solcher „Führung“!

Werden die Ergebnisse dieser pädagogischen „Vergewaltigung“ – oft zu spät! – der Heimerziehung übergeben, damit eine weitere negative Entwicklung verhindert wird, so zeigen sich die verschiedenartigsten Reaktionen. Bei den einen macht sich der angestaute Druck Luft in Trotzverhalten und Aggressionen bis hin zu Tobsuchtsanfällen, die den Erziehungskräften schwere Stunden bereiten und ihre Nerven bis aufs äußerste anspannen. Wieder andere kommen verängstigt, bedrückt, frustriert und oft sehr verbittert ins Heim und sind unfähig, selbständig zu urteilen oder gar zu handeln.

Uns wurde einmal ein sechzehnjähriges Mädchen ins Jugendheim gebracht, das überhaupt nicht sprach, sondern nur ja und nein nickte. Sie war unehelich geboren, vaterlos aufgewachsen und von der Mutter ungeliebt autoritär „erzogen“ worden. Dieses Erleben hatte ihr Herz mit einem solchen Haß gegen alle Menschen erfüllt, daß sie aus Rache mit niemandem sprach. Es ist nicht verwunderlich, wenn ein solcher Mensch auch bei liebevollster Zuwendung ein seelisch geschädigter Mensch bleibt, der den Bedrängnissen des Lebens nicht gewachsen sein kann. Wir haben bei unseren verhaltensgestörten Mädchen viel haßerfüllte Ablehnung Eltern, Verwandten, Lehrern und Vorgesetzten gegenüber erlebt, die die Folge autoritärer Machtausübung war.

Was soll aber mit diesen Kindern und Jugendlichen geschehen, wenn sie nach dem bedrückenden Erlebnis eines autoritären Elternhauses nun auch eine autoritäre Heimerziehung erfahren? Druck erzeugt immer Gegendruck, erst recht in der Jugenderziehung. Selbstverständlich gibt es innerhalb der autoritären Methode viele Differenzierungen, die auch entsprechend unterschiedliche Schädigungen zur Folge haben. Grundsätzlich aber ist dieser autoritäre Erziehungsweg hinsichtlich einer positiven Persönlichkeitsreifung zum Scheitern verurteilt. Erziehungsheime, Erziehungsberatungsstellen und psychiatrische Kliniken könnten hier erschütternde Berichte geben.

Der Mißbrauch der *auctoritas* ereignet sich nicht nur im direkten Kontakt, also z. B. im persönlichen Verhältnis zwischen Mutter und Kind, Lehrer und Schüler, sondern auch im größeren sozialen Raum. Es gibt autoritär geführte Schulen, Heime, Fabrikbetriebe, Geschäftsunternehmen, in denen das Klima gekennzeichnet ist durch eine Atmosphäre von Unfreiheit, Mißtrauen, Angst, Berechnung und Kälte. Sensible Menschen können nicht lange unter solchen Bedingungen leben und arbeiten. Der psychische Druck lähmt ihre Leistung so sehr, daß sie ihren Arbeitsplatz verlassen und u. U. sogar eine Behandlung in einer Nervenklinik in Anspruch nehmen müssen. Allerdings sind diese Fälle von straffer autoritärer Führung im Zuge der soziologischen Entwicklung der letzten fünfzig Jahre erheblich zurückgegangen.

3. Der antiautoritäre Erzieher

Überlagert und teilweise abgelöst wurde diese autoritäre Linie durch eine rationalistische Geistesbewegung, deren Wurzeln bis in das 18. Jahrhundert zurückgehen. Damals wurde Europa beherrscht von der Aufklärung, die die Vernunft des Menschen zum letztgültigen Wertmaßstab für alle Lebensgebiete erklärte. Besonders tief hat diese Bewegung auf das Erziehungswesen eingewirkt. Das pädagogische Ziel lautete: Erziehung zu freier, naturgemäßer, nicht von traditionellen Normen, sondern allein von der menschlichen Vernunft bestimmter Lebensweise. J. J. Rousseau hat in seinem pädagogischen Lehrbuch „Emile" die „antiautoritäre" Methode im Ansatz programmatisch vertreten. Seine erzieherischen Grundsätze hießen: Eingehen auf die Eigenart des Kindes, Wachsenlassen und Lenken natürlicher Fähigkeiten und Anlagen, die selbstverständlich gut sind.

Was damals erst ansatzmäßig praktiziert wurde, hat durch eine zweihundertjährige geistesgeschichtliche Auseinandersetzung, von der das Erziehungswesen nie unberührt blieb, in unserer Zeit das Gesicht der „antiautoritären Welle" angenommen. Es besteht nur *enn* bedeutsamer Unterschied zwischen dem „Zögling" Emile und einem Kinde unserer Zeit, das einem antiautoritären Erzieher anvertraut ist: Damals hat man noch von vorsichtiger und behutsamer Lenkung gesprochen. Heute halten die Vertreter dieses Erziehungsstils es für richtig, das Kind oder den Jugendlichen nach reinem Lustprinzip leben zu lassen und seiner Triebhaftigkeit möglichst keine Beschränkung zuzumuten. Hierbei sind grundlegende erzieherische Faktoren, wie z. B. Gehorsam und Strafe, Gebot und Verbot,

Lob und Tadel mehr oder weniger bewußt ausgeschaltet. Man fürchtet, das Kind zu „vergewaltigen“, indem man ihm die eigene Meinung „aufzwingt“ und eine Entfaltung der seelisch-geistigen Fähigkeiten durch führende Autorität beeinflußt.

Selbstverständlich gibt es auch in diesem pädagogischen Raum wie im autoritären Bereich sehr unterschiedliche Abstufungen. Aber extreme Fälle wie die bekannten „Berliner Kinderläden“ zeigen, wohin die „antiautoritäre Welle“ führen kann. Ein Beispiel dieser Erziehungsweise bringt das Buch des Arztes Wladimir Lindenberg „Von Mensch zu Mensch“[5]: Junge Akademiker planen für ihre Kleinkinder einen antiautoritären Kindergarten. Unter großem Lärm, bei dem kaum einer den andern verstehen kann, entspinnt sich folgendes Gespräch:

„Was soll ich tun, wenn das Kind in meiner Wohnung die Wände beschmiert?“

„Soll es doch, dazu sind die Wände da!“

„Und wenn ich koche, und das Kind berührt den heißen Herd?“

„Lassen Sie das Kind, es muß seine Erfahrungen sammeln.“

„Wenn mein Mann arbeiten muß, das Kind kommt und stört ihn, greift seine Bücher und reißt das Schreibzeug vom Tisch?“

„Soll es doch greifen, Sie müssen Geduld mit ihm haben!“

„Es hat schon Bücher aus der Bibliothek verschmiert und beschädigt.“

„Pah, was sind schon Bücher?“

Es ist nicht schwer vorauszusagen, daß diese „Erziehung“ – das Wort ist im Grunde hier nicht mehr angebracht – chaotische Zustände zur Folge hat. Jeder Mensch geht ohne Anerkennung einer Ordnung zugrunde. Die richtig gesetzte und beachtete Grenze macht erst im vollen Sinn lebensfähig. Eine satirisch klingende Erzählung berichtet, daß ein Junge eines Morgens in der Schule erschienen sei mit der Frage: „Müssen wir heute wieder tun, was wir wollen?"[6]

Ist es zu leugnen, daß ein so erzogenes Kind in seinem Lebensgefühl eine schwere Disharmonie empfindet? Der Grundsatz des antiautoritären Erziehers: „Das Kind hat ein Recht auf sich selbst" ist durchaus zu bejahen, richtet aber bei falscher Akzentuierung einen Schaden an, der oft im ganzen Leben nicht wiedergutzumachen ist. Wie bei der autoritären Methode das Kind der Spielball fremden Willens, fremder Laune, fremder Macht ist, so ist es umgekehrt bei der antiautoritären Erziehung der Spielball des eigenen Willens, der eigenen Lust, ja der eigenen Macht. So wie im ersten Fall der Erziehende einen Druck auf das Kind ausübt, so gerät nun der Erzieher unter den Druck des Kindes. Es kann sich dahin entwickeln, daß das Gebot nun heißen müßte: „Ihr Eltern – Lehrer – Erzieher –, seid gehorsam euren Kindern!"

Ein vieldiskutiertes Modell dieser Erziehungsmethode ist die von dem bekannten Pädagogen A. S. Neill gegründete englische Schule Summerhill. Reinhold Ruthe hat in seinem Buch „pro und contra – zur nichtautoritären Erziehung" einen Einblick in die Konzeption der Summerhillschule gegeben. Er schreibt:

„Neill versteht unter Erziehung, das Wachstum zu fördern, dem Individuum in seiner Einzigartigkeit und mit seinen schöpferischen Kräften die Entfaltung zu ermöglichen. Er wehrt sich gegen überflüssiges Wissen, gegen mechanisch gelernte Fakten, gegen Prüfungen, gegen überzüchtete Ordnung und Disziplin, gegen Zwang und willkürliche Vorschriften und gegen eine aufgestülpte Fließbandpädagogik. Sein Erziehungsziel sind humane, von innerem Leben erfüllte, innerlich beteiligte Menschen."[7]

Neill selbst schreibt in seinem Buch „Theorie und Praxis der antiautoritären Erziehung": „Daseinszweck des Kindes ist es, sein eigenes Leben zu leben, nicht das Leben, das es nach Ansicht der besorgten Eltern führen sollte oder das den Ansichten des Erziehers entspricht, der zu wissen glaubt, was für das Kind am besten ist. Es gibt kein problematisches Kind, es gibt nur problematische Eltern."[8]

Es wäre unrecht, diese pädagogische Grundkonzeption Neills in Bausch und Bogen abzulehnen und zu verdammen. Ruthe hat die positiven Aspekte des Lebens und Lernens in Summerhill mit Verständnis kommentiert. Er schreibt: „Am Anfang der Summerhillerziehung stehen Achtung vor dem Kind und Liebe zu ihm. Neill weiß, daß seelische Wunden (etwa durch elterliche Dressur), die nicht immer wieder aufgerissen werden, von selbst heilen. Er nimmt die Individualität eines jeden Schülers ernst und ist bestrebt, seine Einzigartigkeit und seine Persönlichkeit zur Geltung zu bringen. Summerhill erlaubt es den Kindern, ihr Leben weitgehend selbst in die Hand zu nehmen, eigene Entscheidungen zu treffen und durch eigene Erfahrungen herauszufinden, was falsch und richtig ist. Neill schenkt der Entwicklung der Gefühlskräfte mehr Beachtung als der Entwicklung der Verstandeskräfte. Wissen hat für Neill nur eine vorletzte Bedeutung. Es ist das Herzstück der Neillschen Pädagogik: Kopf und Herz bleiben ungetrennt."[9]

Wer möchte Neill in diesen grundlegenden pädagogischen Absichten nicht recht geben? Sollte man sich nicht freuen über solch eine wohltuende psychologisch fundierte Ausrichtung eines Schulleiters und Lehrers? Verständlich ist darum aus dieser Sicht der Vorschlag eines englischen Pädagogen, „das öffentliche Schulwesen müßte Neills Erziehungsprinzipien übernehmen und aus jeder Schule ein Summerhill machen."[10] Es gehe Neill darum, *Menschen* zu erziehen und nicht *Werkzeuge* der Leistung, der Pflicht, der Ordnung und des Staates.

Nun muß aber um der Sachlichkeit willen die Gegenstimme auch gehört und ernstgenommen werden. Wir lesen bei Ruthe in seinem oben zitierten Buch:

„Nicht nur in sexuellen Dingen haben Neills Schüler eine fast unbegrenzte Freiheit. Sie dürfen ihre Aggressionstriebe und destruktiven Impulse ausleben. So wirft ein Kind Dreck auf eine neu gestrichene Tür, und Neill beteiligt sich daran, ..., weil die innere Befreiung wichtiger ist als die Tür'."[11]

Die Konsequenzen dieses antiautoritären Erziehungsstils, wie sie sich in der Praxis zeigen, schildert der Leserbrief einer Summerhill-Beobachterin, deren Verlobter Lehrer an der Schule war und deren Geschwister die Schule besucht haben. Den Brief veröffentlichte vor einigen Jahren „Die Zeit". Da heißt es u. a.:

„Das Haus glich damals einer abgenutzten Kaserne, alle Möbel waren zerhackt, zerschnitten, kaputt, die Wände schmutzig, überall verkratzt, die Bettwäsche zerrissen, der Lärm war nicht auszuhalten. Es war keine Ordnung, kein Programm, es gab keine genauen Mahlzeiten, alles war ein Chaos. Die Kinder lernen gar nicht, etwas auszuhalten. Wenn es schwierig oder langweilig wird, rennen sie fort. Summerhill hat den Kindern fürs Leben keinen Unterbau, keine Kraft gegeben. Ich will sagen: Das System von A. S. Neill hat viele Kinder ihrer Möglichkeiten, ihres ‚Potentials' beraubt."[12]

Dieses Ergebnis entspricht völlig den Erfahrungen in den USA, die der oben genannte Zeitungsausschnitt berichtet.

In Deutschland hat sich die antiautoritäre Methode, ausgenommen das heute schon weitgehend überholte Beispiel der „Kinderläden", soweit es mir bekannt ist, kaum in solch überspitzter Form gezeigt. Allerdings ist der gesamte Erziehungsbereich in unserem Land von dieser „Welle" stark beeinflußt worden. Sie hat eine z. T. nicht geringe Verunsicherung in der Erzieher- und Elternschaft bewirkt, die in der Praxis infolge ständig neuer Experimente für die pädagogische Arbeit bedauernswerte Konsequenzen hatte und z. T. noch hat.

4. Theologische Besinnung

Mit den beiden Bezeichnungen „autoritär“ und „antiautoritär“ haben sich in der Vorstellung des heutigen Menschen die geschilderten Bilder von pädagogischem Verhalten manifestiert. Doch handelt es sich bei der Auslegung und Deutung der beiden Begriffe um pädagogische Grundkonzeptionen, die in ihrer Realisierung, ihren Schwerpunkten und Schattierungen von den jeweiligen Menschen abhängig sind, die sie konkretisieren. Summerhill z. B. hätte vermutlich ohne den Menschen und Pädagogen Neill eine andere antiautoritäre Prägung erhalten als die gegebene. Die wichtigere und entscheidendere Frage des Problems ist die: Welcher Hintergrund läßt es überhaupt zu, daß Autorität sich entweder zu autoritärer Macht- und Zwangsausübung oder zu antiautoritärem Gewähren- und Laufenlassen entwickeln kann?

Ruth Bang spricht im Hinblick auf die Autoritätsausstrahlung der Erzieherpersönlichkeit von der Notwendigkeit einer „Ich-Preisgabe“. Sie sieht da, wo diese „Preisgabe“ sich nicht ereignet, einen Mangel an Bescheidenheit und Demut:

„Nicht überall dort, wo Autorität ausgeübt wird, wirkt sich legitime Überlegenheit aus. Das kommt nicht von ungefähr, sondern hängt mit gewissen innerpsychischen Gesetzmäßigkeiten zusammen, nach denen jeder von uns nun einmal ‚angetreten‘ ist und die es zu erkennen gilt. Jegliche Überlegenheit ist mit Macht verbunden, mit äußerer oder innerer, bewußter oder unbewußter, legitimer oder illegitimer. Letztlich ist es diese Tatsache, die konstruktive Anwendung von Autorität so ungeheuer schwer macht. Es gehört nämlich ein beachtliches ‚Mehr an Sein‘ (Persönlichkeitsreife) dazu, um die uns mit unserer Überlegenheit gegebene Macht ganz in den Dienst am anderen und an der gemeinsamen Sache zu stellen. Wo Autorität falsch angewandt wird, wird aus legitimer Überlegenheit illegitime Scheinüberlegenheit, die sich ohne Mißbrauch ihrer Vollmachten nicht zu behaupten vermag. Wo Macht bewußt oder unbewußt mißbraucht wird, besteht die Gefahr von Gewalt und Vergewaltigung.“[13]

Diese Ausführungen, die jeder wertorientierte Erzieher verstehen und anerkennen wird, zeigen auf, daß die Grundlage erzieherischen Tuns die Frage nach der Persönlichkeit des Erziehenden ist. Mit ihr eng gekoppelt und von ihr abhängig ist die Lösung des Autoritäts- und Methodenproblems. Es geht also im Grunde nicht um den autoritären oder antiautoritären Erziehungsstil, sondern um den autoritären oder antiautoritären Menschen, der seinen Stil wesensmäßig auslebt und ausleben muß.

R. Bang spricht hinsichtlich der menschlichen Qualität des Erziehers von „gewissen innerpsychischen Gesetzmäßigkeiten, nach denen jeder von uns nun einmal angetreten ist und die es zu erkennen gilt.“ Um diese „Gesetzmäßigkeiten“ aber zu erkennen, ist es nötig, nach ihrer Wurzel und ihrem Wesen zu fragen.

Auf die diesbezüglich offenstehenden Fragen soll nun entsprechend der Anlage der Arbeit eine persönliche Stellungnahme erfolgen. Sie ist das Ergebnis einer erlebten und durchlittenen Auseinandersetzung zwischen einschlägiger Fachliteratur und den Aussagen der Bibel. Diese durch die pädagogische Praxis ständig begleitete Konfrontation hat Erkenntnisse von solcher Überzeugungskraft geschenkt, daß sie mit der Zeit zu einem neuen Fundament meiner pädagogischen Arbeit wurden.

Die Geschichte der Menschheit läßt in allen ihren Lebenskreisen deutlich werden, daß der Mensch in seiner Grundstruktur von jeher der gleiche ist: disharmonisch, gespalten und heilungsbedürftig. Es fehlt ihm ein Gleichgewicht, dem Unordnung, Unruhe, Unfrieden, Streit und Krieg fremd sind. Jede Generation arbeitet an der „Verbesserung" dieses Zustandes, um dann doch eines Tages wieder ein Scheitern feststellen zu müssen. Die politischen, kulturellen, wirtschaftlichen und auch religiösen „Bewegungen" von Jahrtausenden haben den Menschen in seinem „Nun-einmal-so-Sein" nicht ändern können. Der Mensch kann dem Menschen zur Wesensänderung nicht helfen, weil beide veränderungsbedürftig sind.

Die Bibel deckt die Wurzel für diesen Zustand hart und schonungslos auf: Der Mensch hat die ursprünglich selbstverständliche Gemeinschaft mit Gott, dem Schöpfer aller Dinge, verloren. Das Verhältnis Geschöpf *pro* Schöpfer ist zum Verhältnis Geschöpf *contra* Schöpfer geworden. Zwei Willenskräfte, die eine Einheit sein sollten und könnten, stehen sich in einer Spannung gegenüber, die vom Schöpfer nicht gewollt, aber vom Geschöpf hartnäckig behauptet wird.

Die Bibel berichtet im 3. Kapitel des ersten Mosebuches von diesem tragischen „Bruch" zwischen Gott und Mensch. Der Versuchung zur Autonomie widerstanden die ersten Menschen nicht. Die Verführung, „zu sein wie Gott", war zu verlockend, als daß der Mensch dieses Angebot der „Schlange" ausgeschlagen hätte. Da er aber kreatürlich Mensch, d. h. Geschöpf, geblieben ist, mußte er von diesem Augenblick an eine Scheinrolle spielen. Die schöpfungsmäßig verliehene Abhängigkeit von der Autorität Gottes, die Lebenserfüllung bedeutet hätte, war von der Seite des Menschen her aufgehoben. Der Wille des Geschöpfes, letzte, selbständige Entscheidungsinstanz zu sein, setzte sich mit aller Macht durch, hatte aber die tragische Konsequenz, daß der Mensch sich nun zu Tode regiert. Paulus schreibt in seinem Brief an die Christen in Rom lapidar: „Der Tod ist der Sünde Sold" (Röm. 6,23).

Schon der Uranfang der Menschheit – es sei an den Bericht vom Brudermord Kains erinnert – beweist die Tatsache, daß „mehr scheinen als sein" den Menschen in eine

Rolle hineinzwängt, die ihn echter innerer Freiheit und Überlegenheit beraubt. Durch die Sünde – so nennt die Bibel den Trennungszustand zwischen Gott und Mensch – ist jeder in dieses tragische Schicksal von Geburt an hineinverwoben, ob er es will oder nicht, ob er es zugibt oder nicht. Je mehr der Mensch sich gegen diese Tatsache wehrt und sie nicht anerkennen will, um so intensiver entwickelt sich die Spannung zwischen Gott und ihm zu einem ihn langsam zerstörenden inneren Kriegszustand. Das Ergebnis ist: Der Mensch manövriert sich in eine Scheinautorität hinein. Er wird autoritär.

Seine wahre Autorität würde darin bestehen, daß er aus Ehrfurcht, Achtung und Liebe die *auctoritas* seines Schöpfers anerkennt und dem guten göttlichen Willen in innerer Übereinstimmung gehorsam wäre. Statt dessen maßt er sich das Ansehen, die Würde und Geltung, die seinem Schöpfer allein zukommt, stolz und hochmütig an. Der Mensch will keine Kontrolle über sich dulden, sondern selbstherrlich und eigenständig „das Leben meistern". Seine schöpfungsgemäße Disposition ist aber auf Gemeinschaft mit seinem Schöpfer angelegt. Augustins Wort: „Unser Herz ist unruhig, bis es ruht, o Gott, in dir", ist tiefste Wahrheit.

Es ist interessant, in einem Lexikon für das Wort „autoritär" die Erklärung zu finden: „Mit überlegenem Ansehen und dem Recht zur *unkontrollierten* Entscheidung ausgestattet zu sein." In dem Wort „unkontrolliert" liegt die Wurzel des Übels.

Und doch ist es so – es klingt paradox –, daß sich der Mensch in der Tiefe seines Herzens nach der Gemeinschaft mit Gott und der Übereinstimmung mit dem göttlichen Willen sehnt. Der Psalmist im Alten Testament betet: „Meine Seele sehnt sich nach den Vorhöfen des Herrn. Ein Tag in deinen Vorhöfen ist besser denn sonst tausend" (Psalm 84,3 und 11). Der Mensch ahnt, daß diese Abhängigkeit vom Herrn aller Dinge ein Leben schenkt, das ihn glücklich macht. In dem neutestamentlichen Gleichnis vom

„Verlorenen Sohn“ ruft der Vater, nachdem die Gemeinschaft mit seinem Kinde unterbrochen war und jetzt neu wiederhergestellt ist, aus: „Dieser mein Sohn war tot und ist wieder lebendig geworden.“

Vor Jahren hatte ich eine Begegnung und ein Gespräch mit einem einundzwanzigjährigen Mörder. Er fiel unter den Gefangenen auf durch seine gelöste Heiterkeit und Freundlichkeit. Ich wußte nichts über die Dauer seiner Strafe und nahm an, daß er wohl kurz vor seiner Entlassung stünde und darum so fröhlich und gelassen sein konnte. Aber wie überrascht war ich, als er mir auf die Frage nach dem Termin seiner Entlassung antwortete: „Nein, ich bin unbegrenzt hier. (Das Wort „lebenslänglich“ wird von den Betroffenen gemieden.) Aber mein Gott mußte mich hierher in die Zelle führen, um mich in seiner Liebe endlich einzuholen. Er warb schon lange um mein Herz, aber ich war immer auf der Flucht vor ihm, weil ich selbständig sein wollte. Hier habe ich endlich kapituliert und bin im tiefsten Grunde glücklich. Als ich äußerlich frei war und getrennt von Gott lebte, war ich ein Gebundener meiner törichten, bösen Ichhaftigkeit. Nun, da ich äußerlich in Unfreiheit und Abhängigkeit lebe, bin ich aber durch meine Verbindung zum lebendigen Gott innerlich frei und froh.“

Später erfuhr ich durch den Leiter der Strafanstalt, daß dieser junge Gefangene eine besondere Hilfe im Zusammenleben der Gefangenen sei. In seiner Gegenwart wurden ungute Erzählungen gemieden. Da, wo in Arbeitsräumen Schwierigkeiten auftraten, ging ein heilender Einfluß von seiner Gegenwart aus. Wenn er wegen seines „Frommseins“ angegriffen oder verspottet wurde, konnte er es still hinnehmen, ohne zurückzuschlagen oder dem anderen seine Hilfe und Liebe zu versagen. Von seiner Nähe ging eine wohltuende Wirkung aus, die vom ganzen Haus geschätzt wurde. In seiner äußerlich so schweren Situation lebte er die sich selbst verleugnende Liebe, die „Ich-Preisgabe“, die Frucht echter Unterordnung unter den göttlichen Willen ist.

In 1. Mose 1,27 heißt es: „Gott schuf den Menschen ihm zum Bilde, zum Bilde Gottes schuf er ihn." Das mag sich zunächst unglaubwürdig, überspannt und unrealistisch anhören. Aber es gibt den Menschen, der dem Bilde Gottes gleich ist: Jesus Christus. Rein und vollkommen stellt er dieses Gott-gleiche Bild dar. Doch es wird auch im Leben und Wesen des Menschen offenbar, wie eigenwilliger Autoritarismus das ursprüngliche, von Gott gewollte Menschenbild zerstört hat.

Das ist nun das Wunderbare, daß der Schöpfer auf die selbstherrliche Loslösung seines Geschöpfes nicht mit Vernichtung reagiert hat. Der göttliche Sinn der ganzen Weltgeschichte ist letzten Endes der, daß Gott an der Heilung des von ihm getrennten Menschen arbeitet. Um dieses Zieles willen hat er seinen Sohn Jesus Christus auf der Erde leben lassen. Als Sündloser und Unschuldiger erlitt Christus am Kreuz auf Golgatha stellvertretend die gerechte Strafe für die Sünde der ganzen Welt.

In diesem Opfertod des Sohnes vollendete sich Gottes Liebe. Wer sich diese Liebe schenken läßt, indem er glaubend und dankend die Vergebung seiner Schuld empfängt, der hat sein rebellisches Ich erkannt und will nicht mehr, daß es ihn noch beherrsche. Er hat die Gemeinschaft mit Gott wiedergefunden und kennt nur noch das eine Ziel, die Autorität Gottes in seinem Leben bestimmen zu lassen.

Nun ist er nicht mehr der autoritäre Mensch, der seinen eigenen Willen bestimmen läßt, sondern er ist durch die Anerkennung der *auctoritas* Gottes selbst *wahre* Autorität geworden. Seine Autorität ist jetzt „legitim", weil er nicht mehr Schöpfer, sondern „nur noch" Geschöpf sein will.

Die Autorität eines von Gott gelösten Menschen ist und bleibt eine Scheinautorität, die im Grunde auf Lüge beruht und darum nur negative Wirkung haben kann. Macht, Zwang und Gewalt müssen dann diese Lüge zudecken und das Fehlen echter Gültigkeit vertuschen. Es ist darum nicht verwunderlich, wenn ein Erzieher, der nicht von Gott abhängiges Geschöpf, sondern selbst Schöpfer sein will, im

Erziehungsprozeß durch äußerliche Machtausübung ersetzen muß, was an echter innerer Autoritätskraft fehlt. Dieses Verhalten erzeugt einen Druck auf das Kind oder den jungen Menschen, dessen Ergebnis nur Seufzen sein kann. (Siehe Darstellung 1.)

Der Erzieher hat auch darum kein Recht zu einer solchen repressiven Erziehung, weil das Kind gleich ihm nicht werdender Schöpfer, sondern werdendes Geschöpf Gottes ist, für das Gott die letzte Verantwortung hat und behält. Dem Erziehenden gebührt also Demut und Bescheidenheit, diese letzte Verantwortung bewußt aus der Hand zu geben und immer wieder neu Gott zu überlassen. Hinzu kommt noch, daß jeder Mensch, jedes zu erziehende Kind, ein von Gott geschaffenes einmaliges Individuum ist, vor dem der Erzieher nicht nur Achtung haben muß, sondern das seine Autoritätsmacht beschränkt.

Doch nicht nur diese Originalität des Kindes setzt dem Autoritätsanspruch des Erziehenden eine Grenze, sondern auch die Tatsache, daß jeder Mensch einen freien Willen hat, über den zu verfügen Menschenwille weder Befugnis noch Vollmacht hat. In ihrer Abhängigkeit von Gott und ihrer Verantwortlichkeit vor Gott stehen Erzieher und Jugendlicher auf gleicher Ebene. *Das* ist der Hintergrund

Darstellung 1:
Der autoritäre Erzieher

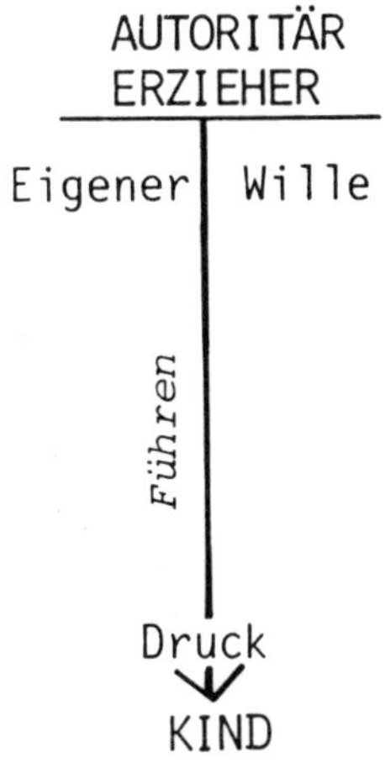

wahrer Partnerschaft. Sie liegt auch darin begründet, daß beide Geschöpfe erlösungsbedürftig sind und darum als fehlsame Geschöpfe der göttlichen Korrektur immer wieder bedürfen.

Der Erzieher, der diese Fakten nicht anerkennt und in seiner Erziehungsaufgabe nicht gelten läßt, muß zwangsläufig autoritär handeln, wobei der Grad des Autoritarismus je nach Temperament und Veranlagung selbstverständlich unterschiedlich ist. Wie viele Zwangsneurosen sind durch solches Fehlverhalten der Erwachsenen bei Kindern und Jugendlichen schon entstanden! In unseren Heimen leben viele seelisch Geschädigte, die ein Produkt fortgesetzter autoritärer Machteinwirkung sind.

Christus fordert vom Menschen in seinem Verhältnis zum Nächsten: „Du sollst deinen Nächsten lieben wie dich selbst." Der autoritäre Vater oder Erzieher „liebt" das Kind oder den jungen Menschen weniger als sich selbst. Was er dem Schwächeren zumutet, davor bewahrt er sich gern selbst. Um so mehr verliert er das Recht, dem Jüngeren Lasten aufzuerlegen.

Umgekehrt verhält es sich bei der antiautoritären Erziehung, selbstverständlich auch hier in unterschiedlichsten Ausprägungen. Hier „liebt" der Erziehende das Kind mehr als sich selbst und verfällt damit ebenso einem Irrtum, dessen Schaden oft nicht mehr gutgemacht werden kann. Im Gegensatz zum autoritären Erzieher wird hier die Gott-gegebene Individualität des Kindes so respektiert, daß kaum eine oder gar keine Grenze gesetzt wird.

Der Fehler liegt darin, daß der Erziehende im Kinde eben auch nicht das Geschöpf Gottes sieht, das die bindende Gemeinschaft mit seinem Schöpfer verloren hat und darum helfender Führung zum Schöpfer hin bedarf. Der dem Menschen innewohnende Wille, der frei und souverän über sich verfügen will, wird nicht gesehen als Kraft, die auf Korrektur und Lenkung angewiesen ist, sondern als ein Gut, dem man uneingeschränkte Auswirkungsmöglichkeit geben muß. Man geht von der Voraussetzung aus, daß der

Mensch in seinen Veranlagungen, Gaben und Trieben gut ist. „Laßt alles nach der eigenen Gesetzmäßigkeit wachsen, und ihr werdet glückliche Menschen ‚erziehen‘, die aus sich selbst in Freiheit das Richtige tun werden.“

Der Erzieher, der sich selbst nicht als Geschöpf Gottes sieht und anerkennt, kann auch das Kind nicht in der Polarität Gott–Mensch sehen und erziehen. Die Solidarität der Gleichstellung vor Gott ist hier ebenso ausgeschaltet wie beim autoritären Erzieher. Darum ist auch hier keine wahre Partnerschaft möglich. Da, wo man sie wünscht, ist sie nicht auszuleben: im Verhältnis Erwachsener–Kind. Gott hat den ganzen Kosmos und damit auch den Menschen in Ordnungen hineingestellt, die bewahrende Funktion haben. Es gehört mit zum Wunderbarsten in Gottes Schöpfung, daß – völlig unabhängig vom Menschen – Leben zeugende und erhaltende Gesetzmäßigkeiten sich ereignen, vor denen der Mensch nur ehrfürchtig stillstehen kann.

Dem Menschen ist von Gott verordnet, einer Generationenfolge anzugehören. Das bedeutet, daß jeder einmal Kind ist und Erwachsener wird. Beide haben ihren vollständigen Eigenwert und sind doch aufeinander angewiesen und voneinander abhängig. Der Erwachsene hat den Auftrag, die verbindliche Wertordnung, die Gott der Menschheit in seiner Weisheit und Liebe geschenkt hat, der nachfolgenden Generation zur Erhaltung ihres Lebens weiterzugeben. Diese Wertordnung ist der dem Volk Israel durch Mose gegebene Dekalog, die Zehn Gebote (2. Mose 20). Diese Gebote sind und bleiben das „Grundgesetz“ für den Menschen, der an seiner Autonomie nicht zugrunde gehen will.

Die Weltgeschichte ist voll von Beispielen, die zeigen, daß Völker, die die göttlichen Gebote mißachteten, früher oder später sich selbst zerstört haben. Sprichwörtlich geht z. B. die Rede, daß das Römische Reich nicht durch seine Kriege, sondern an seiner Unmoral untergegangen ist. Gott hat wohl gewußt, warum er dem Volk Israel durch

Mose einschärfte, seine Gesetze von Generation zu Generation als sittliche Norm weiterzugeben. So heißt es in 5. Mose 6,1–9:

„Dies sind die Gesetze und Gebote und Rechte, die der Herr, euer Gott, geboten hat, daß ihr sie lernen und tun sollt. Israel, du sollst hören und behalten, daß du es tust, daß dir's wohlgehe. Du sollst den Herrn, deinen Gott, liebhaben von ganzem Herzen, von ganzer Seele, von allem Vermögen. Diese Worte, die ich dir gebiete, sollst du zu Herzen nehmen und sollst sie deinen Kindern einschärfen und davon reden, wenn du in deinem Hause sitzest oder auf dem Wege gehst, wenn du dich niederlegst oder aufstehst, und sollst sie binden zum Zeichen auf deine Hand, und sollen dir ein Denkmal vor deinen Augen sein, und sollst sie über deines Hauses Pfosten schreiben und an die Tore."

Jeder unbefangene und vorurteilsfreie Leser wird zugeben, daß hier einer spricht, dem der Mensch am Herzen liegt, um dessen Leben er besorgt ist. Man kann häufig den Einwand hören, diese Gebote seien nur für das Volk Israel gültig. Aber sie sind für die ganze Menschheit bestimmt, weil der Mensch, ganz gleich, welcher Rasse und welchem Volk er angehört, in seiner Grundstruktur der gleiche ist und bleiben wird: das von Gott getrennte Geschöpf, dessen „Dichten und Trachten böse ist von Jugend auf" (1. Mose 8,21).

Es ist also die Aufgabe der Eltern, Lehrer, Erzieher und Vorgesetzten, der Jugend diese göttlichen Gebote weiterzugeben, nachdem man sie einmal selbst gelernt und sich ihnen verpflichtet hatte. Natürlich hat diese Weitergabe des Wortes allein kein entscheidendes Gewicht. Es muß begleitet und in seiner Leben erneuernden Dynamik durch die Tat unterstrichen werden.

Es ist wichtig, daß eigentlich nur *der* Vater und Erzieher das Recht der Weitergabe der Zehn Gebote an das Kind hat, der für sich selbst diese göttliche Ordnung verbindlich sein läßt und ihr gehorsam ist. Erst dann hat er die Voraussetzung erfüllt, die Kinder zum gleichen Gehorsam anzuhalten. Für die Jugend gilt dann die Mahnung des Apostels: „Ihr Kinder, seid gehorsam euren Eltern in dem Herrn!" (Epheser 6,1).

Diese Aufforderung enthält einen wichtigen Zusatz, der nicht überhört werden darf. Es heißt: „in dem Herrn". Darin kommt zum Ausdruck, daß der Gehorsam den Eltern, Lehrern und Erziehern gegenüber im Grunde genommen Gott gilt. Diese Tatsache verleiht der Gehorsamsforderung erst recht unaufhebbare Legitimität. Der Irrweg der antiautoritären Erziehung liegt darin, daß der berechtigten Rücksichtnahme auf die Individualität des Kindes und dem Wunsch, seinen Gaben und Kräften zur Entfaltung zu verhelfen, die notwendige Begrenzung durch die von Gott geforderte ergänzende Gehorsamsforderung fehlt. Die antiautoritäre Erziehung verzichtet ja bewußt ganz oder teilweise auf den Eingriff des Erwachsenen. Man läßt die Entwicklung nicht wachsen, denn das würde wie beim Gärtner die Mithilfe des Erziehenden erfordern. Wachsenlassen heißt nicht, alles laufen lassen!

Manchmal wird sogar aus dem Laufenlassen ein Wuchernlassen, bei dem das Lust- und Triebleben so überhandnimmt, daß der Mensch eines Tages diesen Mächten nicht mehr gewachsen ist, sondern ihnen unterliegt. Bei manchem Jugendlichen, der den Süchten langsam verfallen war, ist dann ein Verbrechen oder Selbstmord das schreckliche Ende dieser „Erziehung zur Freiheit" ohne eine Korrektur durch die göttliche Autorität.

Nicht nur das Kind oder der junge Mensch kann an dieser Methode zugrunde gehen, sondern auch der Erzieher selbst. Er wird durch die sich durchsetzende Willenskraft des zu Erziehenden so unter Druck gesetzt, daß er psychisch und physisch eines Tages zusammenbricht. (Siehe Darstellung 2.) Wie viele Eltern, Lehrer und Erzieher sind immer wieder „am Ende", müssen entweder längere Zeit ihren Dienst aussetzen oder sogar ganz aufgeben, weil die Kräfte nicht mehr reichen! Von dieser Not sind besonders die Kinder- und Jugendheime betroffen, deren Erziehungsaufgabe ja ein gesteigertes Maß an seelischer und körperlicher Kraft erfordert.

Weder dem autoritären noch dem antiautoritären Pädagogen kann die Zukunft gehören, sondern – so möchte ich ihn nennen – dem „autoritativen“ Erzieher.

Darstellung 2: Der antiautoritäre Erzieher

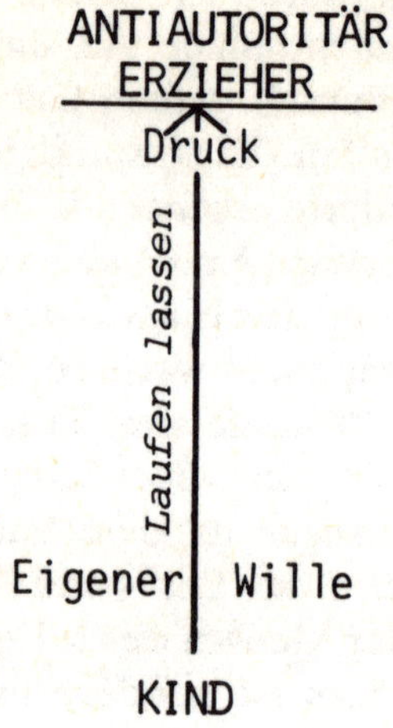

5. Der autoritative Erzieher

Wie sieht nun der Weg dieser autoritativen Erziehung aus? Er muß außerhalb der beiden besprochenen Erziehungsmodelle liegen.

Die graphische Darstellung 3 möchte ihn verdeutlichen.

Darstellung 3

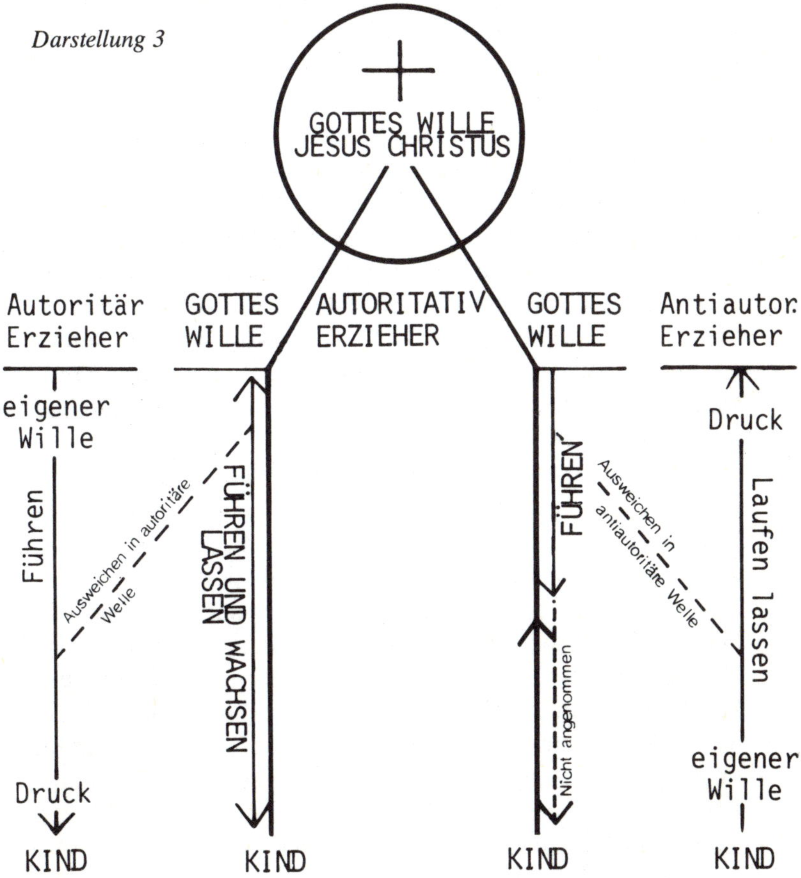

Oberhalb der vier vertikalen Linien, die Erziehungsstile darstellen, ist die Welt des dreieinigen Gottes symbolisch angedeutet als Kreis, in dessen Mittelpunkt das Kreuz Jesu Christi steht. Im Gegensatz zu der autoritären und antiautoritären Darstellung sind die beiden Linien in der Mitte nach oben hin geöffnet. Damit soll ausgesagt werden, daß diese Erzieher eine persönliche Glaubensverbindung zum Reich Gottes gefunden haben. Es hat bei ihnen eine Begegnung mit dem lebendigen Gott und seinem Sohn Jesus Christus stattgefunden, die nicht ohne Folgen blieb. Diese Erzieher erkannten – noch einmal: in persönlichem Erleben – den Zerstörungscharakter ihres eigenen Willens. Ihnen wurde erschreckend bewußt, wie ihr Wille sich gegen den guten Willen Gottes auflehnt und göttliche Führung radikal ablehnt. In Christus lernten sie den Erfüller des Willens Gottes kennen und mußten zugeben, daß dieses Christusleben – trotz äußerer Niederlagen – Leben verändernde und erneuernde Macht hat. „Meine Speise ist die, daß ich tue den Willen des, der mich gesandt hat“ (Johannes 4,34). Das war die innere Weisung, der Christus in großen und kleinen Dingen gehorchte. Diese totale Willenshingabe Christi an seinen Vater bewirkte während seiner Erdenzeit Veränderungen und Wandlungen im Menschenleben, die ja letztlich das Ziel jeder pädagogischen Arbeit sind.

„Das Verhalten der Menschen muß wirklich und nicht nur dem Schein nach geändert werden.“ Dieses Wort eines Pädagogen unserer Tage hat gerade heute eine besondere Bedeutung. Es mangelt in unserer Zeit nicht an der Vermittlung geistiger, kultureller, ja auch vieler „religiöser“ Werte; doch sind sie nicht in der Lage, den destruktiven Kräften des Lebens Einhalt zu gebieten. Im Gegenteil: Heute, wo Kultur, Wissenschaft und Technik einen immer breiteren Raum im gesamten Lebensbereich einnehmen, ist der Mensch zu seelischen und körperlichen Grausamkeiten fähig, die immer stärkere Angstpsychosen auslösen und erschreckende Zerstörungen zur Folge haben. Die tiefste Wurzel dieser Entwicklung ist nichts anderes als der fehlende Anschluß an die Transzendenz. Der Mensch, der die abgebrochene Verbindung zu seinem Schöpfer nicht wiederfindet, ist den negativen Strömungen rettungslos ausgeliefert. Hierher gehört die große Zahl der dem Alkohol und dem Sex Verfallenen, die Zahl der Drogenabhängigen, der entwurzelt Umherirrenden und am Sinn des Lebens verzweifelnden Menschen unserer Zeit.

In dieser Situation, die globales Ausmaß hat, spricht Jesus Christus autoritativ – nicht autoritär! – das Wort: Ich bin der Weg – zu Hilfe, Heilung und Rettung. Ich bin die Wahrheit – die den Hintergrund eurer Nöte aufdeckt. Ich bin das Leben – in euren vergeblichen Anstrengungen und zum Tode führenden Bemühungen (Johannes 14,6). Das Geheimnis dieser Hilfe Christi liegt in nichts anderem als in der Preisgabe des Eigenwillens an den Willen Gottes.

Der Mensch, der diese Gnadenwirkung Gottes durch den Heiligen Geist an seinem Herzen vollziehen läßt, darf die biblischen Worte derer für sich in Anspruch nehmen, die diesen innersten Erneuerungsakt erlebt haben. Johannes schreibt in seinem Evangelium Kapitel 1,12 und 13: „Allen aber, die ihn (Jesus) angenommen haben, hat er Vollmacht gegeben, Gottes Kinder zu werden, die an seinen Namen glauben.“ Paulus schreibt an die Christen in Ephesus: „Ihr waret Finsternis, nun aber seid ihr Licht in dem Herrn“ (Epheser 5,8). An die Christen in Korinth: „Ist jemand in Christo, so ist er eine Neuschöpfung. Das Alte ist vergangen, siehe, Neues ist geworden“ (2. Korinther 5,17). An die Christen in Galatien: „So lebe nun nicht (mehr) ich, sondern Christus lebt in mir“ (Galater 2,20).

Petrus schreibt an eine christliche Gemeinde: „Wie umherirrende Schafe seid ihr gewesen, jetzt aber habt ihr euch zu eurem Hirten bekehrt, der euer Leben behütet“ (1. Petrus 2,25).

Indem der Mensch so seinen Willen dem Willen Gottes unterordnet, ist er der göttlichen Autorität teilhaftig. (Nur der *hat* Autorität, der Autorität *ist*.) Konkret bedeutet das für den Erziehungsvorgang, daß der an Christus gebundene Erzieher keine Scheinautorität mehr behaupten muß, sondern durch seine Übereinstimmung mit der göttlichen Autorität das Kind und den Jugendlichen zur Anerkennung und zum Gehorsam dem göttlichen Willen gegenüber führen darf und kann. Die Illegitimität des eigenen Willens mit seinem Machthunger ist in der Tiefe seines Wesens gebrochen. Der Erzieher hat nun die hohe Aufgabe – eine höhere gibt es nicht! –, dem ihm anvertrauten Menschen zu einer Begegnung mit der göttlichen Autorität zu verhelfen.

Das schließt Geist-, Seele- und Leibsorge im weitesten Sinn ein. Dieser Autorität gegenüber darf und kann er auch Gehorsam fordern, ja er muß es sogar, ist er doch bei diesem Auftrag nichts weniger als Stellvertreter Gottes. Allerdings wird diese Forderung um so vollmächtigere Wirkung haben, je mehr der Erziehende selbst in diesem Gehorsam lebt. Anschauung und Beispiel sind auch hier die besten Erziehungsmittel.

Auf der anderen Seite kann der Erzieher in Ruhe und Gelassenheit beim jungen Menschen wachsen lassen, was wachsen soll; denn die letzte Verantwortung hat eben nicht mehr er, sondern der Herr, für dessen heiligen Willen er Gefäß geworden ist. Er braucht nicht zu drängen, nachhelfen, mit Macht und Gewalt erzwingen, was *er* gern möchte, sondern tut seinen Dienst als „Mitarbeiter Gottes" (1. Korinther 3,9) in dankbarer Abhängigkeit von ihm.

Hier wird die Erziehungsarbeit getragen von einer heiteren, gelösten Atmosphäre, in der weder bedrückender Zwang noch zuchtloser Eigenwille „herrschen". Es geht nicht mehr um das Problem autoritär oder antiautoritär, sondern hier heißt es: Führen *und* Wachsenlassen.

An dieser Stelle sei eines pädagogischen Lehrers gedacht, der 1927 eine Schrift herausgab, deren Inhalt unser Thema berührt: Theodor Litt, „Führen oder Wachsenlassen, eine Erörterung des pädagogischen Grundproblems". Litt reißt mit dieser Thematik die Auseinandersetzung autoritär oder antiautoritär an, wenn auch nicht in der heute geforderten Härte und Überspitzung. Er kommt zu dem Ergebnis: nicht führen *oder* wachsen lassen, sondern führen *und* wachsen lassen. Und zwar darum, weil er die Realität „überpersönlicher Mächte“ anerkennt, die im pädagogischen Vollzug hintergründig eine entscheidende Rolle spielen. Litt schreibt in seiner Abhandlung:

„Es bleibt dabei, daß das Eigentliche und Tiefste am Menschen sich dem Zugriff der Wissenschaft für immer entzieht. Und gerade dieses Eigentliche und Tiefste ist es, um das es in der Erziehung zu tun ist. Daß die Erziehung in der Ich-Du-Relation begründet ist, ist nur ein anderer Ausdruck dafür, daß sie in eine Tiefe der Wirklichkeit hinabgreift, die sich dem objektbestimmenden Denken verschließt. Es ist das Geheimnis des Schöpferisch-Ursprünglichen, an dem das Objektdenken seine Grenze findet. Im Einzelmenschen begegnet uns dies Ursprüngliche in Gestalt der unableitbaren Individualität der Person. Erzieherisches Handeln ist nicht angewandte Erziehungstheorie, sowenig es angewandte Psychologie, angewandte Soziologie ist.“[14]

Das Resultat der pädagogischen Überlegungen und Erörterungen des Wissenschaftlers stimmt mit der Grundkonzeption des christlichen Erziehers überein. Es geht auch bei ihm nicht um die Alternative: Führen *oder* wachsen lassen, sondern um die sich ergänzende Polarität: Führen *und* wachsen lassen.

Es mag überraschen, daß zwei verschiedene Wege wie der geistig-pädagogische des Wissenschaftlers und der geistlich-pädagogische des Christen (bei dem der wissenschaftliche Aspekt keineswegs ausgeschaltet ist) zum gleichen Ziel führen. Hier sei einem irrtümlichen Denken gewehrt, das sich im Verlauf dieser Darlegungen einschleichen könnte. Es darf niemals angenommen oder gar behauptet werden, daß dem nichtchristlichen Erzieher die Voraussetzung fehle, im positiven Sinn Autorität zu sein und zu haben. Es gibt Eltern, Lehrer, Erzieher und Vorgesetzte, die nicht als Christen angesprochen werden können und doch, gebunden an Gewissen und Ordnungen, wertvollste Erziehungsarbeit tun. Aber im Blick auf die *letzte* Frage nach dem Sinn des menschlichen Lebens, wie ihr etwa Paulus in den Worten Ausdruck gegeben hat „Leben wir, so leben wir für den Herrn, sterben wir, so sterben wir für den Herrn“ (Römer 14,8), ist dem Nichtchristen eine Grenze gesetzt, über die der Christ durch den Glauben an Gott hinausgehen kann. Jenseits dieser Grenze sind die Fragen nach Schuld und Zukunft des Menschen dem Glaubenden durch Jesus Christus gültig beantwortet. Und in jedem Menschen, ja auch schon im Kind und Jugendlichen, ruhen diese Fragen und warten auf eine befriedigende und befreiende Antwort.

Nun wird man – und keineswegs zu Unrecht! – einwenden und fragen: Wo sind die Familien, die Schulen, die Heime, in denen im positiven Sinn autoritativ gearbeitet wird und man aufatmet, weil sowohl der autoritäre Druck als auch die antiautoritäre falsche Selbständigkeit gebannt sind? Man wird an christliche Häuser aus Vergangenheit und Gegenwart erinnern, in denen Angst und Zwang, Drohung und Strafe die Grundlage der Erziehung waren und noch sind.

Das ist weder zu leugnen noch zu entschuldigen. Aber wir wissen auch um die anderen Häuser, in denen Kinder und Jugendliche in der Atmosphäre der Liebe und Geduld Christi heranwachsen und Heimat finden dürfen bei Eltern und Erziehern, die durch ihren Glauben an Jesus Christus Heimat geworden sind. Hierher gehören aus der Vergangenheit die Namen Johann Hinrich Wichern, Andreas Bräm, Samuel Zeller, Friedrich von Bodelschwingh, Eva von Tiele-Winckler. In unserer Zeit darf man an das Kinderdorf-Werk von Hermann Gmeiner erinnern, in dem vielen Kindern und Jugendlichen durch den Geist der selbstlosen Liebe Heimat und Geborgenheit geschenkt wird. Doch dürfen an dieser Stelle die vielen Unbekannten nicht vergessen werden, die, z. B. im schweren Dienst der Heimerziehung, in aller Stille und Treue Kindern und jungen Menschen im Geist der Liebe und Geduld Christi dienen. Dort wird Gehorsam nicht als erzwungene Forderung, sondern als ein Verhältnis liebender Zugehörigkeit verstanden, das im Gehorsam entsprechenden Ausdruck findet.

Es darf nun aber auch nicht übersehen werden, daß der christusgläubige Erzieher noch in der „gefallenen Welt" lebt und für seine christliche Existenz kein Perfektionismus erwartet werden darf. Er geht auf einem schmalen Grat und kann jederzeit nach rechts oder links ausweichen und damit an seinem Erziehungsauftrag schuldig werden. (Vergleiche Darstellung 3).

Praktisch bedeutet das folgendes: Wenn er – sei es auch nur für einen Augenblick – die demütige Stellung der Abhängigkeit von Gott verliert, mißachtet er schnell die Individualität des Kindes und gibt mit Härte und Unbarmherzigkeit dem Kinde weiter, was weiterzugeben ihm aufgetragen ist. Der Erzieher handelt autoritär, er ist in die „autoritäre Welle" geraten, führt und manipuliert, wo er wachsen lassen müßte.

Umgekehrt ist es möglich, daß der Erzieher nach der anderen Seite hin schuldig wird. Er überschätzt die Individualität des Kindes und begegnet seiner Kritik, Ablehnung und Aggression nicht in der Autorität des göttlichen Anspruchs und innerer Überlegenheit. Er gerät in die „antiautoritäre Welle" und läßt laufen, wo er führen und eingreifen müßte. Der alttestamentliche Bericht vom Priester Eli und seinen erwachsenen Söhnen kann hier anschauliches Beispiel sein. Eli hätte dem bösen Treiben der Söhne bei den kultischen Handlungen Einhalt gebieten müssen. Aus innerer Schwäche heraus aber ließ er geschehen, was vor Gott und Menschen unrecht war. In der Menschenführung macht jeder Fehler. Aber den richtigen Weg im Auge behalten und immer wieder zu ihm zurückkehren, das ist nicht nur möglich, sondern auch nötig.

Über allem pädagogischen Dienst darf das tröstende Wort stehen: „Der dir alle deine Sünden vergibt und heilet alle deine Gebrechen“ (Psalm 103,3). Das tut Gott auch an dem, der durch das Versagen des Pädagogen Schaden erlitten hat.

Wir kommen noch zu einem wichtigen Punkt im Erziehungsprozeß. Die graphische Darstellung 3 zeigt hinsichtlich der Führung des zu Erziehenden zwei Möglichkeiten auf: Das Kind oder der Jugendliche kann die Führung annehmen oder ablehnen. Es ist ihm ja ein freier Wille gegeben, aufgrund dessen er sich für oder gegen die göttliche Autorität und die damit verbundene Wertordnung entscheiden kann.

Für den autoritativ arbeitenden Erzieher gehört es zum Beglückendsten, wenn er erleben darf, daß der ihm anvertraute Mensch offen ist und annimmt, was ihm geschenkt wird. Verlangen kann er es nicht, weil er die Freiheit des anderen achten muß. Und wenn das pädagogische Mühen und Ringen Widerstand und Ablehnung erfährt, muß er das respektieren und tragen. Er wird in der Gemeinschaft mit Jesus Christus lernen, nicht bitter zu resignieren, sondern in Geduld zu warten, zu beten und weiter zu lieben. Hier sei an 1. Korinther 13 erinnert, wo von der göttlichen Liebe gesagt wird, daß sie sich nicht erbittern läßt, das Böse nicht zurechnet, sondern alles glaubt, verträgt und hofft.

So wie Macht und Schwäche in ihren unterschiedlichen Ausdrucksformen die Kriterien der autoritären und antiautoritären Erziehung sind, so ist die sich selbst verleugnende Liebe und Geduld Christi der Tenor der autoritativen Erziehung. In ihrer Atmosphäre kann auch die wahre Freiheit wachsen, die heute so selten ist.

Nicht *der* Mensch ist frei, der tun und lassen kann, was er will, sondern der wollen kann, was er soll. Dieses „Soll“ hat seinen Ursprung im Willen Gottes. Die Vorstellung eines „neutralen“ Bereichs, in dem der Mensch sich nach seinem Belieben „frei“ bewegen kann, ist eine Illusion. Der Mensch ist in jedem Augenblick ein Beeinflußter und Gebundener, entweder an sein Ich mit seinen vielfältigen egoistischen Reaktionsmöglichkeiten oder an Gott und durch ihn frei zu echter, liebender Diensthingabe.

Um dieses beglückende Freisein und Freiwerden von der Ichgebundenheit geht es auch in der autoritativen Erziehung, und zwar beim Erzieher und beim Kind. In diesem Freiheitsraum darf der Erzieher auch dem Kinde gegenüber von Schuld sprechen, ohne ein gefährliches Wagnis einzugehen.

Es ist auffallend, wie Sozialarbeiter und Sozialpädagogen, Psychologen und Psychiater heutzutage sich immer mehr scheuen, Schuld und Sünde als solche zu benennen. Man spricht von „Kranken", von „in Not Geratenen", von „der Hilfe Bedürftigen". Das mag zum Teil stimmen. Aber damit wird der Hintergrund dieses Zustands nicht aufgedeckt, der – nicht immer, aber doch oft – schuldhaftes Verhalten ist. Allerdings ist dieses Aufdecken nur dann erlaubt und erträglich, wenn der „behandelnde" Erzieher, Psychologe oder Psychiater – nun auch wieder als Stellvertreter Gottes – das lösende und versöhnende Wort der Vergebung anbieten und aussprechen kann. Dieses Wort nimmt aber der junge Mensch nur dann wirklich glaubhaft ab, wenn es von einem Menschen kommt, der selbst Erlösung erfahren hat.

Gerade im Dienst an verhaltensgestörten Jugendlichen ist zu beobachten, daß viele anormale Reaktionen auf verdrängtes Schuldbewußtsein zurückzuführen sind. Der Mensch hat nun einmal ein Gewissen, das zwar weitgehendst abgestumpft, aber doch nicht völlig getötet werden kann. Wieviel seelische Befreiungen durfte ich an Kindern und Jugendlichen erleben, bei denen – oft erst nach vielen Gesprächen, die mit zuwartender Geduld betend geführt werden mußten – die Schuld endlich ans Licht kam und das wohltuende Wort von Gottes Barmherzigkeit alle Last nahm!

Im Blick auf diese tiefen seelischen Nöte hat der autoritative Erzieher in unserer Zeit seelsorgerliche Aufträge an den jungen Menschen, die gar nicht hoch genug gewertet werden können. Ganz besonders in der Heimerziehung, in der die Kinder und Jugendlichen dem Erziehenden Tag und Nacht anvertraut sind, ist dieser Seelsorgedienst etwas vom Allerwichtigsten, das noch gar nicht genug erkannt wird.

Das Wort des Psychotherapeuten Fritz Künkel enthält eine tiefe Wahrheit: „Wenn Theologie die Lehre vom Licht ist, ist die psychotherapeutische Charakterkunde die Lehre von der Unzuträglichkeit der Finsternis. Sie zeigt, warum alle die Wege, die in die Dunkelheit führen, notwendigerweise ungangbar sein müssen. Aber sie hat nicht die Macht, die Menschheit zur Umkehr zu bringen. Sie kann ihr nur beweisen, inwiefern die Richtung falsch ist und inwiefern sie darum in immer wachsendes Elend hineinführt. Und sie kann auf diese Weise die Bereitschaft zur Umkehr verstärken. Die Umkehr selber kann weder durch die Selbsterziehung noch durch die Psychotherapie erzwungen werden. – Hier stimmt die praktische Erfahrung der Wissenschaft überein mit der Lehre des Christentums: Die Umkehr ist Gnade."[15]

Ein Beispiel dafür ist der schuldig gewordene David. Er bekennt: „Da ich's wollte verschweigen, verschmachteten meine Gebeine durch mein täglich Heulen. Denn deine Hand war Tag und Nacht schwer auf mir. Darum bekannte ich dir meine Sünde und verhehlte meine Missetat nicht. Ich sprach: Ich will dem Herrn meine Übertretungen bekennen. Da vergabst du mir die Missetat meiner Sünde. Wohl dem, dem die Übertretungen vergeben sind, dem die Sünde bedeckt ist!" (Psalm 32,1–5.) So singt ein Befreiter.

Es sei noch einmal betont, daß in der Kinder- und Jugendarbeit heute dringender denn je Seelsorger nötig sind, die nach der Weisung Christi und durch die Vollmacht des Glaubens anderen zur Befreiung und Lösung von Schuld und Gebundenheiten helfen können. Manche körperlichen und seelischen Erkrankungen, z. B. die heute auch bei Jugendlichen häufiger auftretende Depressivität, können

Folgen psychischer Belastung durch unvergebene Schuld sein.

Dabei muß es sich gar nicht um eigene Sünde handeln. Das Wort aus 2. Mose 20,5 ist Wirklichkeit: „Ich, der Herr, dein Gott, bin ein eifriger Gott, der da heimsucht der Väter Missetat bis in das dritte und vierte Glied, die mich hassen.“ Das Wort bedeutet ja nicht, daß Gott unschuldige Kinder für die Sünden der Eltern und Voreltern bestraft, sondern daß sich die Sünde von Geschlecht zu Geschlecht weiter vererbt. Das wiederum bringt mit sich, daß auch die Auswirkungen der Sünde im Leben der Kinder und Enkel ihre Spuren nicht verbergen.

Für uns Erziehende im Heim war das Studium der Vorgeschichte unserer Jugendlichen oft dringend nötig, weil wir erst dann den jungen Menschen in seinem Verhalten verstehenlernen konnten. Das Wort: „Des Vaters Segen baut den Kindern Häuser, aber der Mutter Fluch reißt sie nieder“ (Sirach 3,11), kann am Leben vieler Kinder und Jugendlicher heute abgelesen werden. Gerade die Sünde der Mutter hinterläßt Wunden, die das Leben der Kinder unheilvoll beschweren und oft sogar zerstören.

In den Zusammenhang solcher Belastungen durch die Sünden der Eltern gehören heute ganz besonders die „Zaubereisünden“, wie die Bibel sie nennt. In 5. Mose 18,10 und 11 sind sie aufgezählt: „Die Weissager, die Tagewähler, die Zauberer, die Beschwörer, die Wahrsager, die Zeichendeuter und die, die Tote befragen.“ Wie viele Erwachsene aller Volksschichten sind heute dem Aberglauben und Okkultismus bis hin zum Spiritismus verfallen! „Wer solches tut, der ist dem Herrn ein Greuel“ (5. Mose 18,12).

Die Bibel sieht die Sünde der Zauberei – man lese Galater 5,19–21 – in Verbindung mit Ehebruch, Unreinigkeit, Unzucht, Feindschaft, Neid, Zorn, Zank, Haß und Mord. Daß die Sünde „der Leute Verderben“ ist (Sprüche 14,34), das zu begreifen sollte heute angesichts der täglichen Funk- und Pressenachrichten niemandem mehr schwerfallen.

Über diese Dinge müßte eigentlich jeder Erzieher, erst recht der autoritative, orientiert sein, um helfen zu können. Eine wirklich befreiende und nicht nur vorübergehende Hilfe der von solchen dunklen Mächten belasteten Kinder und Jugendlichen liegt allein in der glaubenden Inanspruchnahme der Verheißungen dessen, der von sich sagen kann: „Mir ist gegeben alle Gewalt im Himmel und auf Erden" (Matthäus 28,18). Christus hat den Gläubigen verheißen, ihnen durch die Kraft des Heiligen Geistes Macht über die „Fürsten und Gewaltigen, die bösen Geister unter dem Himmel" (Epheser 6,12) zu geben.

Man muß diese Dinge allerdings ernst nehmen und sich durch entsprechende gute Literatur informieren und beraten lassen. Ich habe viele Dinge auf diesem Gebiet nicht für möglich gehalten, mit denen ich in der Erziehungsarbeit konfrontiert wurde. Doch ist mir durch Erlebtes und Erlesenes eine Aufhellung und Aufklärung geschenkt worden, die mir in meinem Dienst an der Jugend unentbehrliche Hilfe wurde.

Noch ein wichtiger Punkt im pädagogischen Dienst soll nicht unerwähnt bleiben. Wir stellten schon fest, daß es kein Erziehungsverhältnis gibt, in dem der Erziehende nicht schuldig wird. Von geradezu ausschlaggebender Bedeutung aber ist es, ob der Erzieher die Demut besitzt, seine Schuld nicht nur einzusehen, sondern dem Kind, dem Schüler oder Untergebenen gegenüber auch zuzugeben und um Verzeihung zu bitten. Geschieht das, so lernt der junge Mensch auch mit seiner eigenen Schuld richtig umzugehen. Der Erziehende wird für ihn an diesem Punkt ein wegweisendes Vorbild. Außerdem wird der Erwachsene gerade durch diese Aufrichtigkeit an Autorität gewinnen. Hierdurch kann ein dauerhaftes und tragfähiges Vertrauensverhältnis erwachsen.

Einmal mußte ich eine Schülerin strafen. Ich tat es jedoch in unbeherrschter Art und Weise Sie war durch mein

Verhalten empfindlich getroffen. Nicht die Tatsache des Gestraftwerdens hatte sie verletzt – sie bejahte die Strafe als „verdient" –, sondern die Affekthandlung, die sie von einem Christen nicht erwartet hatte. Das darauffolgende Gespräch, in dem ich sie um Verzeihung bat und ihr aufzeigte, daß auch ich aus der Vergebung leben muß, hat eine tiefe innere Verbindung geschenkt, die bis heute nicht abgebrochen ist.

Nichts schätzt und liebt der junge Mensch am Erziehenden so sehr als volle Wahrhaftigkeit. In dieser Hinsicht sind Kinder und Jugendliche unbestechlich sensibel und oft rücksichtslos offen in ihrer Aussage. Jeder Schein wird verworfen; jedes zugegebene Versagen gewinnt das Herz. Für den Erzieher liegen im pädagogischen Erleben von Vergeben und Sich-vergeben-Lassen mit die größten Chancen, vom Kind und Jugendlichen autoritativ akzeptiert zu werden.

6. Stimmen junger Menschen

Ich bin mir wohl bewußt, daß man nicht pauschal von „den jungen Menschen“ sprechen kann. Trotzdem sei nun die Frage gestellt: Nach welchem Erziehungsstil verlangt heute der junge Mensch? Die Antwort wird zunächst sein: Auf keinen Fall nach dem autoritären Stil. Wie steht es aber mit dem Ansehen der antiautoritären und autoritativen Erziehung? Ist nicht die Frage z. T. schon mit der Tatsache beantwortet, daß der heranreifende junge Mensch aufgrund seiner Pubertät und dem damit verbundenen verständlichen Verlangen nach Selbstfindung und Entscheidungsfreiheit die antiautoritäre Methode wünschen wird?

In jüngster Zeit kamen mir Worte des griechischen Philosophen Platon aus seiner Abhandlung über den Staat in die Hand, die er im 4. Jahrhundert v. Chr. geschrieben hat und die man, stilistisch verändert, in einer heutigen Zeitschrift lesen könnte. Da heißt es: „Ein Vater z. B. lebt sich in die Rolle eines Knaben hinein und fürchtet sich vor den Söhnen, und der Sohn versetzt sich in die Rolle des Vaters und hat weder Scham noch Furcht vor seinen Eltern, um nur ja recht frei zu sein. Der Lehrer hat Angst vor den Schülern und umschmeichelt sie, die Schüler haben keine Achtung vor den Lehrern und ebensowenig vor ihren Aufsehern. Und überhaupt stellen sich die Jüngeren den Älteren gleich und suchen ihnen den Rang abzulaufen in Worten und Taten, während die Alten sich traulich mit den Jünglingen einlassen und voll Freundlichkeit und Liebenswürdigkeit gegen sie sind. Sie ahmen die Jünglinge nach, um nur ja nicht griesgrämig und herrisch zu erscheinen.

Das Ergebnis von all diesem: es macht die Seele der

Bürger empfindlich, so daß sie den geringsten Versuch, ihnen Zwang anzutun, mit Unwillen abweisen und ihn sich nicht gefallen lassen. Schließlich schwindet bei ihnen auch jede Achtung vor den Gesetzen, gleichviel ob geschriebenen oder ungeschriebenen, damit sie ja keinen Gebieter, in welchem Sinne es auch sei, über sich haben. Das ist der schöne und jugendfrische Anfang, aus dem die Tyrannis hervorwächst, wie ich glaube."[16]

Ein solches Bild zeigte sich also schon vor 2400 Jahren! Viele Eltern, Lehrer und Erzieher unserer Zeit werden Platon aus persönlicher Erfahrung heraus verstehen und zustimmen.

Die „antiautoritäre Welle" ist also durchaus nicht neu. Auch das ist ein Zeichen dafür, daß der Mensch im Laufe der Zeit eben nicht „neu" geworden ist, sondern in seiner Grundanlage der biblischen Ausage von 1.Mose 3 bis heute entspricht.

Es wird immer junge Menschen geben, die den antiautoritären Stil fordern und sich ihn mit allen zur Verfügung stehenden Mitteln erobern. Aber es gibt auch die andere Stimme. Auch sie ist ebenso alt wie neu. Wie sie gestern laut wurde, so wird sie auch heute und morgen zu hören sein. Nur in der Lautstärke wird sie sich unterscheiden. Allerdings ist sie heute in dem verwirrenden Pluralismus der Stimmen nicht „auf dem Markt", sondern eher im verborgenen zu finden. Aber sie ist da und dringt trotzdem durch. Es ist schon einige Jahre her, da wurde sie bekannt in der „Anklage eines unbekannten Halbstarken". Sie enthält eine Klage über die Erwachsenengeneration und deckt ihr pädagogisches Versagen schonungslos auf:

„Weil ihr schwach seid, habt ihr uns ‚halbstark' genannt. Damit verdammt ihr eine Generation, an der ihr gesündigt habt, weil ihr schwach seid. Weil ihr schwach seid, habt ihr euch von uns, solange wir klein waren, Ruhe gekauft – mit Kinogeld, mit Eis, mit Schokolade. Nicht uns habt ihr damit gedient, sondern eurer Bequemlichkeit, weil ihr schwach seid. Schwach in der Liebe, schwach in der Geduld, schwach in der Hoffnung und so verflucht schwach im Glauben!

Wir sind halbstark, unsere Seelen sind halb so alt wie wir. Wir machen Radau, weil wir nicht weinen wollen nach all den Dingen, die ihr uns nicht gelehrt habt. Wir können rechnen und lesen; man wies uns an, die Staubgefäße von Buschwindröschen zu zählen. Wir wissen, wie die Füchse leben und kennen den Bau vom Schachtelhalm. Aber in der Stadt gibt es keine Füchse – und wie man dem Leben begegnet, das habt ihr uns nicht gelehrt.

Wir möchten sogar an Gott glauben, an einen unendlich starken, der alles versteht und der will, daß wir gut sind. Aber ihr habt uns keinen einzigen Menschen gezeigt, der gut ist, weil er an Gott glaubt. Denn ihr habt mit Andacht nur Geld verdient, und ihr habt eure Totogewinne wie Gebete gemurmelt.

Vielleicht sind wir Zerrbilder eurer verlogenen Existenz. Wir machen offen Lärm und randalieren. Ihr aber kämpft gnadenlos im verborgenen, einer gegen den anderen. Ihr dreht euch geschäftlich den Hals um und intrigiert um besser bezahlte Posten. Zeigt uns für jeden von uns, der Lärm macht, einen von euch, der im stillen gut ist."

Kann man diese Sätze anders verstehen und hören als einen Schrei der Hilflosigkeit aus verzweifeltem Herzen? Hier wird aus einem tiefen und echten Empfinden heraus der Antiautoritarismus als Schwäche entlarvt, ebenso deutlich aber nicht nach Autoritarismus verlangt. Das Entscheidende dieser Anklage ist die Quelle, aus der sie stammt. Es ist das dem Materialismus feindliche Herz, das weiß, daß es zum „Leben auf höchster Ebene" bestimmt ist. Jesus hat dieses Leben gemeint, als er in seine Nachfolge rief mit den Worten: „Will mir jemand nachfolgen, der verleugne sich selbst und nehme sein Kreuz auf sich und folge mir. Denn wer sein Leben erhalten will, der wird's verlieren, wer aber sein Leben verliert um meinetwillen, der wird's finden. Was hülfe es dem Menschen, so er die ganze Welt gewönne und nähme doch Schaden an seiner Seele?“ (Matthäus 16,24–26.)

Das ist der autoritative Mensch! Nach ihm rufen Kinder und Jugendliche, die mehr ahnen als wissen, daß in der Selbsthingabe der in Christus erschienenen Liebe Sinn und Erfüllung des Lebens liegt.

Meine Arbeit an der jungen Generation unserer Zeit hat mich zutiefst davon überzeugt, daß viele junge Menschen sich nach dem „Leben auf höchster Ebene“ sehnen, weil sie an den Gütern dieser Welt nicht satt geworden sind. In einem Schlager singen sie: „Wir hatten Schmuck und trugen bunte Kleider und lachten laut im Lampenlicht. Man sah unser Haar und unser Gesicht, jedoch in unsere Herzen sah man nicht.“

Eine sechzehnjährige Realschülerin schüttete in einem Brief, den ich lesen durfte, einem Freund die ganze Trostlosigkeit ihres Herzens und den Hunger nach mehr aus: „Wir werden von niemandem verstanden, von der eigenen Mutter nicht, vom besten Freund nicht. Jeder steht auf einsamem Posten in dieser Welt. Zu der Einsamkeit kommt die Angst. Die Angst vor jedem neuen Tag, Angst davor, Menschen, die uns gern haben, wieder zu enttäuschen, Angst vor dem Alleinsein, Angst um unser Leben, Angst, Angst und nochmal Angst. Wir versuchen, uns das Leben zu verschönern durch Tanz, Genußmittel wie Alkohol und Tabak. Wir sind fröhlich, wir leben oberflächlich, und dann, wenn es vorbei ist, dann ist sie wieder da – die Leere, die Einsamkeit, die Trostlosigkeit, vor der wir fliehen wollten...“

In einem anderen Brief eines begabten sechzehnjährigen Mädchens heißt es noch verzweifelter: „Die Liebe, die ich gesucht habe, fand ich auch nicht im Rauschgift. Nein, im Gegenteil, es hat die Hoffnung und die Liebe aus meinem Herzen gezerrt und den Glauben an die echte, wahre Freiheit herausgerissen. Obwohl ich sechzehn Jahre alt bin, bin ich ein Wrack mit Selbstmordgedanken. Wenn du Mädchen wie mich triffst, dann sag ihnen, wie es dem

Wildfang ergangen ist; dann sollen sie sich lieber gleich umbringen als auf Raten sterben wie durch Rauschgift, Sex, Rocker und rohe, sinnlose Gewalttaten. Ich bin verloren, denn wir haben in unseren Spielen im Rausch Gott gesehen, durch andere dargestellt. Ich muß es dir sagen, diese schreckliche Last muß herunter. Jeder Tag mit dieser Qual wird mir zur Last. Ich kann es nicht mehr lange aushalten..."

Wird hier nach autoritärer oder nach antiautoritärer Erziehung gerufen? Nein, hier schreit ein junges Mädchen nach Gott und nach Menschen, die den Weg zu ihm zeigen können. Dieser Schrei von Jugendlichen unserer Zeit steht neben dem Seufzer des alttestamentlichen Beters: „Wie der Hirsch schreit nach frischem Wasser, so schreit meine Seele, Gott, zu dir. Meine Seele dürstet nach Gott, nach dem lebendigen Gott. Wann werde ich dahin kommen, daß ich Gottes Angesicht schaue?" (Psalm 42,2 und 3.)

Nach Gottes Angesicht schauen – meist unbewußt! – viele innerlich und äußerlich gestörte Kinder und Jugendliche aus. Aber sie möchten dieses Angesicht im Antlitz eines Menschen sehen! Es soll nicht eingefangen bleiben im Buchstaben der Bibel, sondern soll leben, sehen, hören, sprechen, ermahnen, verstehen, verzeihen, trösten und wohltun.

Wer sich Christ nennt, wird von der Jugend scharf auf Echtheit hin untersucht. Wir können ihr nur danken für die Unerbittlichkeit, mit der sie unser Sein an unseren Worten prüft. Das erzieht zu letzter Wahrhaftigkeit.

„Es interessiert mich gar nicht so sehr das, was Sie sagen, als das, was Sie sind. Und das schaue ich mir sehr genau an", so antwortete mir eine achtzehnjährige Schülerin auf meine Frage, warum sie so passiv im Religionsunterricht sei. Sie hat mir mit dieser Antwort einen Dienst getan, dessen Tiefe und Tragweite ihr selbst wohl nicht bewußt war. Bis heute bin ich ihr dankbar dafür. Ein noch so gewandtes rhetorisches „Christentum", dem das Leben des Heiligen Geistes fehlt, lehnt die Jugend heute mehr denn je ab. Was soll sie auch damit anfangen? Aber Menschen, die durch Christus „Salz und Licht der Welt“ (Matthäus 5,13 und 14) sind, danach rufen sie als nach Leitbildern, denen sie sich anvertrauen können, weil sie in göttlicher Autorität führen und wachsen lassen.

An einem Gymnasium hatte ein Abiturient die Abschiedsrede zu halten. Er sagte u. a.:

„Gibt es, wenn wir jetzt hinausgehen in das Leben, Vorbilder für uns, die man einem Leuchtturm vergleichen könnte, der fest gegründet ist und dem man unbedingt vertraut? Ich meine: nein! So sind wir also eine Jugend, die ziellos, haltlos, feige ihr Leben führen will? Nein! Ich wollte nur zeigen, daß wir uns keinem schrankenlosen Idealismus hingeben können.“

Pessimismus? Ja und nein! Man spürt diesen Worten ab, daß dahinter ein Herz schlägt, das auf die Suche gehen will nach „Leuchttürmen“.

Wolfgang Borchert hat nicht nur unter dem Mangel an „Leuchttürmen“ gelitten, sondern vor allem darunter, daß er selbst kein „Leuchtturm“ sein konnte. In einem in Hamburg entstandenen Vers klagt er kurz vor seinem Tod:

„Ich möchte Leuchtturm sein
in Nacht und Wind –
für Dorsch und Stint,
für jedes Boot –
und bin doch selbst
ein Schiff in Not.“[17]

Dies ist ein bewegendes Selbstzeugnis, das die Sehnsucht nach dem lebendigen Gott, ohne daß sein Name genannt ist, hindurchklingen läßt. Es sind manche – ich glaube sogar viel mehr, als wir denken – auf der Suche nach dem Vorbild, nachdem sie den Tunnel menschlicher Enttäuschungen durchwandert und bittere Wunden davongetragen haben.

Doch gibt es bereits eine Anzahl junger Menschen, die durch gute autoritative Führung ein festes Fundament für ihr Leben im Glauben an Jesus Christus gefunden haben.

Vor kurzem hörte ich eine junge Frau von zwanzig Jahren vor einem größeren Kreis ein Bekenntnis ablegen, das wohl bei jedem Zuhörer einen unvergeßlichen Eindruck hinterlassen hat. Mit Erlaubnis dieser jungen Frau darf ich einige Sätze hier weitergeben. Da hieß es u. a.:

„Auf das, was Jesus sagt, können wir uns total verlassen, egal, wie unwirklich es uns scheint. Gottes Wort wird unbedingt zu einer Wirklichkeit. Es ist kein Wagnis, ihm zu vertrauen, wenn es uns auch oft erst so scheinen mag. Das Leben mit Christus ist Abenteuer und Geborgenheit zugleich. Je länger und intensiver wir Gemeinschaft mit Gott, mit Christus haben, desto schöner, größer, ja, so paradox es klingen mag, auch desto neuer wird uns dieses Leben in der Wahrheit des Reiches Gottes. Das gilt für jeden einzelnen Menschen, denn in seinen Grundhaltungen hat sich das Wesen der Menschheit nicht verändert. An einigen Stellen im Alten Testament finden wir sehr genaue Beschreibungen von Situationen und Menschen, wie sie auch auf uns noch zutreffen können. Unser Leben soll eine Herausforderung der Liebe an diese Welt sein, so wie es das Leben Jesu Christi war. Sein Leben verlieren um Jesu Christi willen ist in bezug auf die Welt hochaktuell."

Neben diesem anspruchsvollen Wort sollen auch noch einige schlichte Stimmen von Mädchen laut werden, die eine Heimerziehung durchlaufen haben. Da schreibt z. B. eine aus der Not ihrer jungen Ehe:

„Ich bin fast immer allein, innerlich bleiben wir uns fremd. Durch die Einsamkeit wurde ich, leider ist es so, innerlich krank. Ich lese immerfort Psalmen, die mir Kraft geben: Psalm 121 und 139. Ich finde, das sind Briefe, die schöner sind als der schönste Liebesbrief von einem Menschen, so persönlich, voller Liebe und Güte."

Eine Einundzwanzigjährige, die in schwere Sünde gefallen war, schrieb nach der Beichte: „Ich bin froh, daß ich mit Ihnen gesprochen habe. Ich habe gestern in der Bibel gelesen. Es war, als breite sich bei mir eine Ruhe aus. Leider geht es mir heute nicht gut. Da ist die Bibel doch eine

Tröstung. Sie beten doch für mich? Ich bete auch wieder."

Eine Achtzehnjährige schreibt nach der Entlassung: „Ich halte mich am Gebet fest, Jesus hilft mir jeden Tag neu durch. Im Heim bin ich richtig glücklich gewesen, hier zu Hause auch, aber irgend etwas fehlt mir. Geld, Reichtum ist schön, um zu leben, aber Liebe, Glück, Gehorsam und Hilfe ist das Schönste und Wertvollste im Leben. Das gibt nur Jesus Christus. Möge ich ihm immer treu bleiben."

Diese Stimmen aus der jungen Generation unserer Zeit, denen man noch viele andere hinzufügen könnte, sind eine Bestätigung dafür, daß Christus auch heute noch „der Weg, die Wahrheit und das Leben ist".

7. Ausblick

Der Aufruf, der heute von den jungen Menschen an alle Christen ergeht, ist nicht mehr zu überhören. Nicht die Institution, die ein christliches Vorzeichen trägt, lockt und interessiert, sondern gefragt wird nach wahrer christlicher Substanz.

Wilhelm Kamlah spricht in seinem Aufsatz „Die Sorge um die Autorität“ von dem „Autoritätsschwund in unserer modernen Welt, der unmittelbar nicht die Personen, sondern die Institutionen betrifft“.[18] Von diesem „Geltungsschwund“ sind die christlichen Kirchen und Gemeinschaften keineswegs ausgeschlossen. Die Begründung für diese Erscheinung darf man nicht in einem Desinteresse des heutigen Menschen an der transzendenten Welt sehen.

Einerseits hat W. Kamlah recht, wenn er schreibt, daß „das Schwinden des rational nicht zu Begründenden, des fraglos von jeher Geltenden nur noch kleinste Inseln übriggelassen hat und ein neuer Wissenschaftsaberglaube die menschliche Endlichkeit bei der Autorität der Wissenschaft verkennt.“ Andererseits aber läßt Wilder-Smith aufhorchen, wenn er in seinem Buch „Der Mensch im Streß“[19] den Hintergrund der zunehmenden Drogensucht als eine Flucht aus der disharmonischen, unerträglichen Realität des Lebens in einen übersinnlichen Raum des „Erlöstseins“ aufdeckt.

Hier liegen bei vielen Jugendlichen – die Neugierigen und Sensationslustigen ausgenommen – ernste Nöte und Probleme vor, die letzthin einem Verlangen nach Kontakt zur „oberen Welt“ entspringen. Viele geraten aber leider auf den falschen Weg zu diesem Ziel. Warum? Sollte es vielleicht deshalb sein, weil in christlichen Kreisen die

Form vielfach den Inhalt überlagert hat, so daß durch die institutionelle Autorität, die zweitrangig ist, die viel wichtigere personale Autorität entwertet und entleert worden ist?

Die christliche Gemeinde darf heute an einer ernsthaften Prüfung in diesem Punkt nicht vorübergehen. Alle institutionellen Autoritäten, ob profane oder religiöse, müssen in der Gegenwart einer Infragestellung standhalten. Das ist kein Grund zum Klagen. Wie kann sich Erneuerung ereignen, wenn nicht das Verhältnis Gehalt und Gestalt vom Ursprung her immer wieder einer gründlichen Prüfung unterzogen wird? Als Institution ist die Kirche für manchen Jugendlichen nur eine traditionsgebundene, nach vielen Seiten hin erstarrte und anfechtbare Größe.

Daneben ist aber festzustellen, daß innerhalb und außerhalb der christlichen Kirchen und Gemeinschaften erfreuliche Aufbrüche geschehen, deren geistliche Dynamik Menschen verändert und von Grund auf erneuert. Süchtige werden frei, hemmungslos Lebende begeben sich freiwillig in eine Lebensordnung, Ichgebundene verlassen „sich" und sind für den Nächsten da, Zertrennte versöhnen sich, Eltern und Kinder finden wieder zusammen.

Unsere Zeit erlebt ein Wirken des Heiligen Geistes in vielen Teilen der Welt, das Begrenzung durch Institution und Organisation sprengt. Dieser Aufbruch geht da, wo er sich geistlich gesund vollzieht, von dem auferstandenen Christus aus. Der Bau seines Reiches, das nicht „von der Welt" ist, beginnt ja in den Herzen von Menschen, die in seiner Erziehungsschule zu einem „Leuchtturm" für ihre Umgebung werden. Das bedeutet, daß es zunächst in ihnen selbst, dann aber auch in ihrer Umgebung hell wird.

Wo Christus ein Menschenherz mit seinem göttlichen Leben erfüllen konnte, da ereignet sich folgerichtig die „personale Autorität", nach der die junge Generation heute fragt. Sie wird aber nicht nur beachtet und geachtet, sondern auch mißachtet. Darin „ist der Jünger nicht über seinen Meister". Doch können Ablehnung und Verwerfung das Licht in ihm nicht auslöschen. Im Gegenteil: Es wird um so heller scheinen, je stärker der Angriff der Finsternis ist, die es bedrängt und bekämpft. Daß solche Menschen als autoritative Erzieher, als „neue Menschen" (2. Korinther 5,17) jenseits von autoritär und antiautoritär die Kraft wahrer Führung und Hilfe für junge Menschen in sich tragen, schenkt unserer Zeit eine Hoffnung und Freude, die keine Macht der Welt zerstören kann.

Nur eins darf der geistlich ausgerichtete Erzieher nicht übersehen, wenn er die Führungsqualität nicht verlieren will: Der Heilige Geist darf in ihm nicht abnehmen, sondern er muß zur Fülle anwachsen gemäß der Aufforderung des Paulus an die Christen in Ephesus: „Werdet voll Geistes!" (Epheser 5,18.) Was die durch autoritäre Führung und antiautoritäres Laufenlassen irregeleitete junge Generation braucht, sind nicht Tropfen, sondern „Ströme lebendigen Wassers" (Johannes 7,38).

Dazu ist nötig, daß der Erzieher als Gefäß der göttlichen Kraft immer wieder der Reinigung und Entleerung von widergöttlichen Einflüssen und Kräften bedarf. Das geschieht, wenn er sich ernsthaft der täglichen Durchleuchtung durch das Licht Jesus Christus im Wort der Bibel stellt und mit ihm durch das Gebet in lebendiger Verbindung bleibt. Das reicht aber nur in wenigen Ausnahmen bei Menschen aus, die zu einer besonderen Aufgabe berufen sind. Der in Christus lebende Mensch, der ein „Glied am Leibe Christi" (1. Korinther 12,27) geworden ist, darf den Kontakt mit den anderen Gliedern nicht vernachlässigen und erst recht nicht verlieren. Die „Gemeinschaft der Heiligen" (1. Korinther 1,2) ist die unersetzliche Gabe Gottes an den einzelnen Christen zu seiner Korrektur, Stärkung und Ergänzung. Es ist wie bei einer brennenden Kohle, die aus dem Ofen fällt. Zunächst glüht sie draußen noch eine Weile weiter, aber langsam verglüht und erkaltet sie und ist zum Wärmen untauglich. Wer hier nicht wachsam ist nach dem Worte Jesu: „Wachet und betet, daß ihr nicht in Anfechtung fallet! Der Geist ist willig, aber das

Fleisch ist schwach" (Matthäus 26,41), der geht den Weg, von dem Paulus an die Christen in Galatien schreibt: „Im (Heiligen) Geist habt ihr angefangen, wollt ihr's denn im Fleisch vollenden?" (Galater 3,3.) Er verliert die autoritative Kraft und damit die Berechtigung und Vollmacht zur Führung und Erziehung.

Es geht um die „Leuchttürme"! Sie sind da! Doch noch längst nicht genug! Es warten viele Kinder und Jugendliche auf sie, auf die, die „nicht sich selbst leben, sondern dem, der für sie gestorben und auferstanden ist" (2. Korinther 5,15b), die „ihr Leben nicht geliebt haben bis in den Tod" (Offenbarung 12,11b).

„In der Zeit Großes leisten kann nur, wer über der Zeit steht.

Wahrhaft über der Zeit steht nur, wer die Wurzeln seines Lebens in der Ewigkeit hat.

So wirkt der am sichersten und nachhaltigsten in die Zeit hinein, wer in der Ewigkeit zu Hause ist."

Wilhelm Herbst über Amalie Sieveking.

Quellennachweis

1 „Neue Bildpost“, Februar 1976, Lippstadt.
2 „Der Gemeindebrief“, Gemeinschaftswerk ev. Publizistik, Frankfurt o. J.
3 Wilhelm Kamlah, Die Sorge um die Autorität, S. 128, Weinheim 1967.
4 Ruth Bang, Autorität – Gewissensbildung – Toleranz, S. 33, München/Basel 1967.
5 Wladimir Lindenberg, Von Mensch zu Mensch, S. 25, Wuppertal 1973.
6 G. und F. Hechinger, Die Herrschaft der Teenager, S. 15, Gütersloh 1965.
7 Reinhold Ruthe, pro und contra zur nicht-autoritären Erziehung, S. 55ff., München 1972.
8 A. S. Neill, Theorie und Praxis der antiautoritären Erziehung, S. 30, Hamburg 1971.
9 Reinhold Ruthe, a.a.O., S. 58.
10 Summerhill: pro und contra, S. 7, Hamburg 1971.
11 Reinhold Ruthe, a.a.O., S. 61.
12 Leserbrief in „Die Zeit“, 4. 9. 1970.
13 Ruth Bang, a.a.O., S. 21f.
14 Theodor Litt, Führen oder Wachsenlassen, S. 114f., Stuttgart 1965.
15 Fritz Künkel, Die Arbeit am Charakter, S. 149, Konstanz 1974.
16 Platon, Der Staat, über das Gerechte, S. 388f., Hamburg 1973.
17 Wolfgang Borchert, Das Gesamtwerk, S. 5, Hamburg 1959.
18 Wilhelm Kamlah, a.a.O., S. 218.
19 A. E. Wilder-Smith, Der Mensch im Streß, Stuttgart-Neuhausen 1975.

Empfehlenswerte allgemeinverständliche Seelsorge-Literatur

Jay E. Adams, Festgefahren? Brunnen Verlag, Gießen
–, Was tun, wenn...? Brunnen Verlag, Gießen
–, Befreiende Seelsorge, Brunnen Verlag, Gießen
–, Handbuch für Seelsorge, Brunnen Verlag, Gießen
Corrie ten Boom, Besiegte Feinde, R. Brockhaus Verlag, Wuppertal
Jakob Hitz, Seelsorge an sich selbst, St. Johannis-Druckerei, Lahr
Koch/Lechler, Belastung und Befreiung, Evangelisationsverlag Berghausen
Richard Kriese, Besiegte Schwermut, Verlag der Francke-Buchhandlung, Marburg
Alfred Lechler, Briefe an Angefochtene, Verlag Goldene Worte, Stuttgart
–, Wir brauchen Entspannung, Brunnen Verlag, Gießen
–, Hilfe für Gemütskranke, Brunnen Verlag, Gießen
–, Seelische Erkrankungen und ihre Heilung, Brunnen Verlag, Gießen
–, Der Dämon im Menschen, Verlag Goldene Worte, Stuttgart
Erich Lubahn, Seelsorger gesucht, Verlag Goldene Worte, Stuttgart
Peter Mayer, Daß sie los sein sollen, Verlag Bibelschule Beatenberg
Kurt Scherer, Mit Streß leben, Hänssler Verlag, Stuttgart-Neuhausen
Walter Wanner, Signale aus der Tiefe, Brunnen Verlag, Gießen

Walter Wanner

Signale aus der Tiefe

Tiefenpsychologie und Glaube –
Einführung und Auseinandersetzung
216 Seiten. ABCteam 801. Paperback

Was ist der Mensch wirklich? Woher kommen seine Schwierigkeiten und seine Störungen?
Walter Wanner gibt im ersten Teil des Buches eine allgemeinverständliche und interessante Einführung in die Psychologie. Tests und Fragen, Berichte und Fälle, Skizzen und Übersichten beleben den Text und ermöglichen eine Lernkontrolle und die bessere Verarbeitung des Inhaltes.
Im zweiten Teil setzt sich das Buch mit der Tiefenpsychologie aus christlicher Sicht auseinander.

Jay E. Adams

Christsein auch zu Hause

Familienleben biblisch gestaltet
128 Seiten. ABCteam 3. Paperback

Heiraten – und dann? Spätestens nach den Flitterwochen tauchen die ersten Probleme auf – und manches ist so ganz anders, als man sich erhofft und erträumt hat.
Es geht Jay E. Adams nicht um einen theoretischen Entwurf, wie das Zusammenleben in der Familie anhand der Bibel aussehen müßte. Er betont die praktischen Schritte, die man unternehmen kann, um das Familienleben nach dem Willen Gottes zu gestalten.
Fragebogen und Tests fordern auf, das Erkannte in die Praxis umzusetzen und sofort damit zu beginnen. Auch Seelsorgern und Christen, die andern auf diesem Gebiet helfen wollen, wird das Buch eine praktische Hilfe sein.